Ob denn

die Schwaben nicht auch

Leut' wären ..?

SEBASTIAN BLAU

Ob denn die Schwaben nicht auch Leut' wären ..?

DEUTSCHE VERLAGS-ANSTALT
STUTTGART

CIP-Kurztitelaufnahme der Deutschen Bibliothek

Eberle, Josef:
Ob denn die Schwaben nicht auch Leut' wären . . ?/
Sebastian Blau. – 8. Aufl. –
Stuttgart: Deutsche Verlags-Anstalt, 1986.
Vw.: Blau, Sebastian [Pseud.] → Eberle, Josef

8. Auflage 1986

Satz und Druck: Gulde-Druck GmbH, Tübingen
Bindearbeit: Heinrich Koch, Tübingen
Printed in Germany

Dr. Owlglaß,
dem Dichter und Landsmann,
dem Wiedererwecker
Sebastian Sailers

Inhaltsübersicht

Notwendiger Vorbericht 11
1. Mit Verlaub, ein Schwab 15
2. Das Ländle 22
3. Dreierlei Schwäbisch 30
4. Himmelstuagert! 44
5. Gaoh', Staoh', bleibe lao'! 51
6. Kleine Sprachlehre 59
7. »Gopfersprich!« 66
8. Taschenwörterbuch 74
9. Ha no'! 83
10. »Klassiker« 91
11. Schwabenspiegel 107
12. Das Schwabenalter 119
13. Wir kommen nicht drum rum 125
14. Käuze 134
15. Solang es Kraut ond Knöpfle' geit 147
16. Vom Schiller und von andern Geistern . . 163
17. Vom Feiern und Festen 175
18. Geschichten aus der Spinnstube 188
19. Von Gôgen und Stiftlern 198
20. Schwäbisch als Weltsprache 213

Notwendiger Vorbericht

Das Büchlein, das dem Leser hier vorliegt, ist zuerst 1936 in der Reihe »Was nicht im Wörterbuch steht«, einer Sammlung volks- und sprachkundlicher Monographien, unter dem Titel »Schwäbisch« in München erschienen.

Die damaligen Auflagen zierte ein kanariengelber Umschlag mit einer Zeichnung des in jener Zeit sehr bekannten Graphikers Walter Trier. Sie zeigte vor dem grünen Kegel der Achalm einen Schäfer mit Schlapphut und Mantel, umgeben von seiner grasenden Herde.

Den Auftrag, das Buch zu schreiben, hatte mir mein väterlicher Freund und schwäbischer Landsmann Dr. Owlglaß, der langjährige Redakteur und Herausgeber des »Simplicissimus«, in kollegialer, politischer und menschlicher Verbundenheit abgetreten. Eigentlich hätte *er* es schreiben sollen, aber er kannte meine brotlose Situation: die eines vom nazistisch gewordenen Rundfunk entlassenen Schriftstellers, dessen Arbeiten kaum mehr als ein paar besonders mutige Zeitungen zu drucken wagten; der zudem »jüdisch versippt« war und wohl als einziger

Deutscher damals in einem jüdischen Haus, nämlich in dem seiner Schwiegereltern in Rexingen bei Horb, Asyl gefunden hatte. Und in jenem idyllisch in einem Seitental des oberen Neckars gelegenen Dorf ist das Buch geschrieben worden.

Es fand sogleich Anklang und viele Leser, im Land sowohl wie überall, wo Schwaben saßen, also in der ganzen Welt. Vielleicht schmeckten sie heraus, was eine Schweizer Zeitung in ihrer Besprechung feststellte: es sei »erfreulich hasenrein von Führerkult und neudeutschem Blut- und Bodenqualm«. Eine solche Würdigung war, so wohl sie mir tat, dazumal nicht ungefährlich. Tatsächlich schlug der Erfolg des Buchs den nazistischen Blut- und Bodenhütern auf die Galle; das ging so weit, daß sie Buchhändlern, die diese Neuerscheinung ihren Kunden besonders warm empfahlen, mit »Maßnahmen beruflicher Art« drohten. Und prompt erfolgte auch der Ausschluß des Verfassers aus der Reichsschrifttumskammer mit der Begründung, er sei unwürdig, am deutschen Kulturschaffen mitzuwirken, was ausnahmsweise nicht einmal verlogen war hinsichtlich der von ihnen angestrebten Kultur. Also Publikationsverbot, Schreiben für die Schublade... Buch und Verfasser haben, fast ein Wunder, beides überlebt.

Wenn das harmlose Büchlein – ich weiß nicht, im wievielten Tausend – jetzt wieder auf den Markt kommt, dann nicht zuletzt deshalb, weil es noch und immer wieder verlangt wird. Ich habe mir lange überlegt, ob ich es den heutigen Verhältnissen entsprechend umschreiben soll. Aber das würde fast einer Neufassung gleichgekommen sein. Allzuvieles hat sich in den vergangenen vierzig Jahren im Ländle geändert. Dazu kam die vielleicht sentimentale, ein Stück Erlebnis, ja Selbstachtung bergende Erinnerung an die durchgestandenen Umstände, unter denen es ans Licht getreten ist, und an das gute und auch weniger gute Alte, das sein Recht behalten wollte, wenigstens auf dem Papier fortzubestehen. So habe ich es schließlich mit dem Pilatuswort gehalten: quod scripsi, scripsi – was ich geschrieben habe, habe ich geschrieben.

Ist es auch nicht mehr in allen Einzelheiten ein Führer zum heutigen Schwäbisch hin, so bleibt ihm doch der Wert eines historischen Dokuments der Art und Sprache, wie sie zu Zeiten unserer Eltern und Großeltern hierzulande gegolten haben, vielleicht sogar, wie ich wenigstens hoffe, der eines lesbaren Berichts für die jüngere Generation, die mit Ranke wissen möchte, »wie es gewesen«.

Tröstlich in all dem Wandel aber ist eines: wir sind, trotz allem, Schwaben geblieben, mag's manchem lieb sein oder nicht...

S. B.

1. *Mit Verlaub, ein Schwab ...*

»Ob dann die Schwaben nit auch leut weren?«
Zimmersche Chronik

An einer Wirtstafel in Frankfurt saßen einmal mehrere Fremde, Norddeutsche und Süddeutsche, darunter auch ein Professor aus Stuttgart. Bei Gelegenheit warf auch er ein Wort in die Unterhaltung, da wandte sich sogleich sein Nachbar an ihn, mehr feststellend als fragend: »Sie sind Schwabe?« – »Ja freilich«, erwiderte der Professor, – »aber jetzt saget Se mer bloß, an was habet Se des gmerkt?«

Wir wollen annehmen, die darauf folgende allgemeine Heiterkeit habe nur der Naivität des braven Professors gegolten, der hochdeutsch zu reden meinte, wo die andern bloß Schwäbisch hörten.

Und doch, es bleibt ein Rest. Denn es gab einmal eine Zeit im Heiligen Römischen Reich, da brauchte man sich nur als Schwabe zu bekennen, das heißt also: nur den Mund aufzutun, um die andern zum Lachen zu bringen. Ein Schwabe! Na ja, dann – kurz, man war im Bilde.

Wie das kam? Ich könnte sagen, alles, was man damals den Schwaben angehängt habe, sei rump und stump erlogen, und an unserem Ruf als Narrenstamm seien nur die andern schuld. Aber das würde mir doch niemand glauben. Schließlich, ein Körnchen Wahrheit muß wohl in dem alten Schwabenspott gesteckt haben. Ein Körnchen! Mit der Zeit wurde daraus ein Findling.

Nach dem Erlöschen der Hohenstaufen, für deren universale Träume Himmel und Erde gerade genügt hatten, fielen die Schwaben ins andere Extrem: die Herrschaften und Herrschäftchen, die Reichsstädtlein und geistlichen Gebiete, in die sie nun das alte Herzogtum aufteilten, konnten nicht zahlreich, nicht klein genug sein. Und leider verengerte sich dabei nicht nur der geographische Horizont. Man war sich selbst genug und kapselte sich von dem, was draußen vorging, eigensinnig ab. Es war sozusagen der Katzenjammer auf den staufischen Weltrausch.

Die lieben Nachbarn, versteht sich, betrachteten das Völklein, das da in allen Dingen seine eigene Wurst braten wollte, mit um so kritischeren Augen, je mehr sich sein Gehaben von dem ihrigen unterschied. Von da bis zum offenen Spott war es nicht mehr weit.

Leider kann ich es nicht verschweigen: es ist ein Landsmann gewesen, der das Signal zu der großen Hetzjagd gegeben hat, die im 16. Jahrhundert auf alles Schwäbische einsetzte. Der Tübinger Poeta laureatus Heinrich Bebel hatte aus Freude am Volkstümlichen allerlei Schwänke seiner Landsleute gesammelt und im Druck herausgegeben, schwäbisch treuherzig und ohne die Folgen zu bedenken. Die böse Welt verkannte aber den guten Sinn des Buches und nahm das Zufällige daran, das Schwäbische, für das Wesentliche. Und mit jedem späteren Schwankbuch wurde es mehr und mehr Mode, im Schwaben die komische Person zu sehen, ihn für das Enfant terrible der Deutschen zu nehmen. Also heißt es von den Bayern: »die schlugen sogleich an wie ein Jagdhund, wenn sie einen Schwaben witterten«. Und die Österreicher, die Schweizer, die Franken gaben ihnen nichts nach. Alles nahm man aufs Korn: unsre Tracht, unsre Sitten, unsre Leibspeisen, unsre Sprache. Man nannte uns grob, dumm, faul, feig, gefräßig, geschwätzig, lügnerisch, plump, liederlich, tappig, blind, händelsüchtig, eigensinnig und roh – was weiß ich, was alles! Aus dem alten kraftvollen Schwaben machten sie ein Suevulus, ein mitleidig oder boshaft belächeltes Schwäblein. Und wenn es einst unser Einer mit fünfzig aufgenommen hatte, so liefen jetzt unser Sieben vor einem Häslein davon. Man kann das alles nachlesen in dem schönen Buch: »Die Schwaben in der Geschichte des Volkshumors«, von Albrecht Keller (Freiburg 1907); dort steht mit wissenschaftlicher Gründlichkeit und mit gutem Humor die ganze Geschichte des Schwabenspotts aufgezeichnet.

So ging das bis zum Anfang des 19. Jahrhunderts. Bis die Namen Schiller, Hegel, Schelling, Hölderlin am schwäbischen Himmel aufleuchteten. In seiner Jugend mußte auch Schiller noch den Schwabenzoll entrichten. »Traurig genug«, klagt er in einem Brief, »daß ich auch an mir die gehässige Wahrheit bestätigt sehen muß, die jedem freien Schwaben Wachstum und Vollendung abspricht.« Und doch hat gerade der Glanz seines Namens am stärksten mitgeholfen, das alte Spottgewitter zu verscheuchen. Im 19. Jahrhundert wetterleuchtet es nur noch gelegentlich und gutmütig am schwäbischen Horizont, zum Beispiel in den »Drei gerechten Kammachern« Gottfried Kellers, wo es einmal heißt: »Aber nach kaum acht Tagen kam abermals einer zugereist, ein Schwabe namens Dietrich, worüber die beiden eine stillschweigende Freude empfanden, wie über einen lustigen Maßstab, an welchem ihre stille Größe sich messen könnte, und sie gedachten, das arme Schwäblein, welches gewiß ein rechter Taugenichts war, in die Mitte zwischen ihre Tugenden zu nehmen, wie zwei Löwen ein Äffchen, mit dem sie spielen.« Uralte, freundlich-feindliche Nachbarschaftsgefühle mögen dem Schweizer Meister diesen Satz diktiert haben.

Somit wäre jetzt alles in Ordnung. Die Suppen und Knöpfle', die Nesteln und das Hasenungetüm und all die andern Anlässe haben ihren Stachel verloren.

Eines aber ist uns geblieben: unsre Sprache. Sie eben sei es, jammert Schubart, um deretwillen wir so viel zu leiden hätten. Und für seine Zeit hat er recht. Unser gutes Schwäbisch, das einst »ûf und ab« im Reich als die feinste Sprache galt, hat sich viel gefallen lassen müssen. Vielleicht hätte man zur Not taktvoll darüber hinweggesehen, daß wir Schwaben waren. Aber daß wir schwäbelten – das schien unverzeihlich. Im 15. Jahrhundert verglich einer die schwäbische Sprache mit dem Gequak der Frösche, ein anderer schimpfte uns crassilingues, duriloqui, schwerzüngig und hartredend, ein dritter spricht vom schnaubenden Maul des Schwaben, und selbst der biedere Hans Sachs neckt uns mit unsrem »Linsendeutsch«. Das ist noch nicht alles; sogar das Latein unsrer Magister machte man schlecht, es sei grobes Schwabenlatein, hieß es.

Natürlich lassen sich allerlei Gründe für diesen Spott über unsre Mundart anführen. Da wären die vielen Doppellaute, die sie – es ist wahr – etwas breit machen; ferner die Nasenlaute, die den Fremden so unschön klingen, obwohl ein gründlicher Sprachenkenner gesagt hat, man möge den Vorwurf ihrer Ineleganz mit den Franzosen ausfechten. Dazu kommt eine gewisse singende Sprachmelodie und nicht zuletzt die Langsamkeit und Umständlichkeit der schwäbischen Sprechweise, »daß der Schwabe nicht so hurleburle mit der Sprache fortkam«.

Das alles hat uns nicht gehindert, schwäbisch zu sprechen, und unser Eigensinn hat gesiegt. Wir schwäbeln heute so stark wie eh und je und leiden nicht einmal mehr darunter.

Allerdings sagt man unsrer Sprache heute auch keine lateinisch verzuckerten Bosheiten mehr nach. Man ist höflicher, man findet unser Schwäbisch jetzt gemütlich. Aber das ist ein Wort, das uns auch nicht recht gefallen will. Ein bißchen hören wir das alte verlachte Schwäblein heraus. Sie sagen: Sprechen Sie doch schwäbisch, das ist so gemütlich, und wir hören es so gern! Und wenn wir ihnen dann den Willen tun, dann lächeln sie wie jene Frankfurter Tischgesellschaft, und man weiß nie genau, ob über den Professor oder über die Sprache ... Sie lächeln, auch wenn sie es nicht verstehen, denn mit dem Verstehen geht es bei den andern noch weniger hurleburle als bei uns mit dem Sprechen. Und wenn sie es verstehen, kann es vorkommen, daß sie beleidigt sind ...

Seinen gemütlichen Ruf verdankt unser Schwäbisch dem nicht zu bestreitenden Hang zu dem Diminutiv »le«. Das holde Zwiegespräch zwischen Stammgast und Kellnerin einer schwäbischen Weinstube drückt dies klassisch aus: »Rickele!« – »Wasele?« – »E' Viertele!« – »Sodele!«

Naive Gemüter meinen allen Ernstes, man brauche nur jedem Wort dieses »-le« anzuhängen und höchstens noch jedes st als scht auszusprechen, so sei das, was herauskommt, schwäbisch. Vielleicht kann man damit und mit einer roten Weste irgendwo auf einem sächsischen oder pommerschen Maskenball als waschechtes schwäbisches Jockele Furore machen, ganz bestimmt aber im Ländle, wenn auch auf andere Art. Wer nicht ausgelacht werden will, der hüte sich, auf solch neckische Art schwäbisch zu reden. Er hüte sich überhaupt, schwäbisch zu reden, wenn er es nicht kann. In welcher Absicht er es auch unternehmen mag, der Schuß wird dabei immer »ärschlings« losgehen, wie wir sagen.

Hier bin ich nun an den Punkt geraten, vor dem es mir schon lang graust. Wie soll ich es sagen? Ich bin in einer Zwickmühle: mein ehrliches Schwabengewissen ringt mit der selbstverständlichen Autorenpflicht, den Leser nicht zu enttäuschen. Die Sache ist nämlich die: du hast dieses Büchlein zur Hand genommen im guten Glauben und in der löblichen Absicht, daraus Schwäbisch zu lernen. Während ich jetzt gestehen muß, daß ich an diese Möglichkeit noch keine Minute geglaubt habe. Unsre beiderseitige Mühe, deine des Lesens, meine des Schreibens, fürchte ich, dürfte kaum etwas anderes zeitigen als den Nachweis, daß man Schwäbisch nicht lernen, sondern bestenfalls kennenlernen kann. Laß dir daran genug sein. Unser Schwäbisch soll dir ja nicht als Verständigungsmittel dienen, es soll dir aber helfen, schwäbische Menschen und schwäbisches Wesen zu verstehen.

Wer Schwäbisch nicht von seiner Mutter lernt, der lernt es nie. Das ist traurig, lieber nichtschwäbischer Leser, aber weder deine noch meine Schuld.

Man kann trotzdem ein rechter Mensch sein.

2. *Das Ländle*

Gräme dich nicht darüber, es gibt eine ausgleichende Gerechtigkeit, und sie sorgt dafür, daß dieses Schwäbisch von uns noch viel weniger verlernt als von dir gelernt werden kann. Darum ist auch die Frage, wo Schwäbisch gesprochen werde, so zu beantworten: überall, wo Schwaben sind. Und das heißt: am Schwarzen Meer so gut wie am Neckar und an der Donau, und in Brasilien so gut wie am Ohio. Denn das Sprichwort sagt: Schwaben und bös' Geld führt der Teufel in alle Welt. Sie nehmen ihre Muttersprache überallhin mit, und wenn sie Chinesisch sprechen, dann tun sie's zweifellos mit schwäbischem Akzent. Wollte man den Mund vollnehmen, man könnte Schwäbisch zu den Weltsprachen zählen. Aber bescheiden wir uns und sagen wir schlicht: Schwäbisch spricht man in Schwaben.

Diese Weisheit ist dir nicht neu? Nun, es kommt darauf an, was du unter Schwaben verstehst. Vermutlich: Württemberg, womit du recht hättest, aber nicht ganz. Ein Bayer zum Beispiel wird, wenn er »Schwaben« hört, zuerst an die Gegend um Augsburg denken, also an Bayrisch-Schwaben. Und schon mußt du erkennen, daß nicht ganz Schwaben württembergisch ist.

Schwaben ist ein mehrdeutiger Begriff, je nachdem man ihn politisch-historisch oder sprachlich-ethnographisch auffaßt. In diesem letzten Sinn bezeichnet man im allgemeinen das Land zwischen Schwarzwald, Welzheimer Wald, Wörnitz, Lech und Bodensee als schwäbisch. Also ist umgekehrt nicht einmal ganz Württemberg schwäbisch.

Im Nordosten, um die Flüsse Jagst, Kocher und Tauber herum, greift ein ordentlicher Zipfel Württembergs in fränkisches Sprachgebiet hinein. Das ist das sogenannte Unterland, das du vielleicht von dem Volkslied »Drunten im Unterland ...« her kennst. Dort »hewwe' die Lait en annere Sprooch«.

Und im Südwesten, dem Schwarzwald zu, verläuft ein Streifen, wo der Bûr im Wirtshûs e' Schöppli Wî trinkt, genau wie unsre alemannischen Nachbarn in Südbaden und in der Schweiz.

Zur Zeit des mittelalterlichen Herzogtums Schwaben machte man noch keinen Unterschied zwischen Schwaben und Alemannen, weder der Stammeszugehörigkeit noch der Sprache nach. Der Schwabenname war lediglich eine andere Bezeichnung für das

Volk und Land der Alemannen überhaupt, die westwärts bis an den Wasgenwald und südlich bis zum St. Gotthard saßen. Später erlosch das Bewußtsein der Zusammengehörigkeit, die Schweiz und das Elsaß gingen eigene politische Wege. Ja, die Eidgenossen wollten bald nicht mehr Schwaben heißen, und bis auf den heutigen Tag haftet der Bezeichnung »Schwôb« in der Schweiz und im Elsaß ein Gschmäckle an, wenn damit auch nicht nur die eigentlichen Schwaben gemeint sind.

Bei uns in »Rumpfschwaben« entwickelte sich aus der einst gemeinsamen alemannischen Sprache eine besondere Mundart, eben unser Schwäbisch. Verständlich, daß es im Grenzgebiet mit der alten Verwandtschaft nicht so strikt gebrochen hat und die alemannische Herkunft in Lautfärbung und Wortschatz stark betont.

Nach dieser Abgrenzung zurück nach Württemberg! Man heißt es das schwäbische Kernland. Mit Recht. Sein Anteil am Schwabentum ist der größte, hier ist es zu beherrschender Stellung gelangt und hat dem ganzen Staat das Gesicht gegeben. Hier wird am reinsten und ausgiebigsten geschwäbelt – in jedem Sinn. Und von hier aus gesehen ist jenes bayrische Schwaben hinter der Iller nichts anderes als unsre »Irredenta«.

Ist es nicht traurig – Dr. Owlglaß hat in seinem schönen Buch »Hinter den Sieben Schwaben her«

darauf hingewiesen –, ist es nicht traurig, daß von den sieben Helden unsrer schwäbischen Ilias mindestens drei aus dem heutigen Lande Bayern stammen, und der Dichter des Volksbüchleins, Ludwig Aurbacher, dazu? Vom vierten, dem Allgäuer, weiß man es nicht genau. Nur einer von allen sieben ist mit Sicherheit als Württemberger anzusprechen, der Gelbfüßler nämlich aus Bopfingen, hart an der bayrischen Grenze. Der Seehaas ist im badischen Überlingen daheim, und vom Nestelschwaben heißt es ausdrücklich, die Geschichte wisse noch bis heutigentags nicht anzugeben, was dieser Mensch für ein Landsmann gewesen, ob ein Bayer oder Pfälzer oder Sachse oder Österreicher oder Rheinländer oder sonst einer aus dem Deutschen Reich. Er war, notabene, der dümmste von allen ...

Eine zweite »Irredenta«, zur Abwechslung eine preußische, liegt, wie die Fliege im Bernstein, im Ländle selbst eingeschlossen: Hohenzollern. Aber wir Württemberger sind nicht eroberungslustig. Haben bisher die alten Grenzpfähle nicht gehindert, daß man im bayrischen Ries und an der preußischen Lauchert so gut schwäbisch war wie am württembergischen Neckar, so dürfen wir auch die Hoffnung haben, die neugezogenen Grenzlinien würden daran nichts ändern.

Damals, als noch auf jede deutsche Quadratmeile ein gekröntes Haupt kam und bei den hier mehr, dort weniger angenehmen Regierungspraktiken ein gewisser Partikularismus begreiflich war, damals ging das Fürstentum Hohenzollern durch Kauf an Preußen über. Das war im aufgeregten Jahre 1849. Das Ereignis sollte festlich begangen werden, die hohenzollerischen Pfarrer bekamen Weisung, in ihrer Festpredigt das weise Walten der Vorsehung zu preisen. Einer der hochwürdigen Herren begann nun seine Predigt also: »Geliebte in Christo! Ich werde heute zu euch reden: erstens davon, wie sehr wir uns freuen sollen, daß wir preußisch geworden sind. Und zweitens darüber, daß wir dies um unsrer Sünden willen nicht besser verdient haben.« (Nach Belschner, Schwäb. Geist.)

Noch ein anderes Wort aus jenen Jahren bezeugt die »knütze«[1], grundschwäbische Art der Hohenzollerischen. Ein Sigmaringer Fuhrmann hatte einige Mitglieder der Kgl. Preußischen Immediatkommission durch das neuerworbene Ländchen zu kutschieren. Man fuhr eben an dem württembergischen Städtlein Riedlingen vorbei, als einer der Herren fragte, ob nun die Sigmaringer gern preußisch seien. »Sell scho'«, sagte der biedere Kutscher, »sell scho' – aber deane Malefiz-Riedlinger tätet mrs au gonne'!«

Riedlingen hin, Sigmaringen her – sie liegen beide im Ländle.

[1] knütz: von kein nütze, soviel wie heimlich-schlau, gutmütig-verschlagen.

»Mein liebes Schwabenland, von seinen Kindern nur das Ländle genannt«, so schreibt Isolde Kurz, »ist ein Gebilde eigener Art, gleichsam eine Musterkarte aller Länder. Es sieht aus, als hätte der Schöpfer, bevor er die Erde entwarf, ein Modell davon im kleinen hergestellt, worauf er jede Form andeutete, die er hernach im großen ausführen wollte: Berge, Flußläufe, Ebenen, Wasserflächen, alles ist vorhanden, aber in kleinem Maßstab und stetem Wechsel.«

So ist es. Das Ländle ist nicht groß und auch nicht großartig. Aber wer immer es mit offenen Augen durchwandert oder auch nur durchfährt, der begreift, auch als Fremder, die trauliche Hinneigung der Schwaben zu ihrer Heimat und spürt sie wohl bald selber.

Von allem, was landschaftlichen Reiz ausmacht, besitzt unser kleines Land ein wenig. Was ihm an Großartigkeit und Weite abgeht, das ersetzt die Mannigfaltigkeit der Landschaftsbilder und die anheimelnde Milde seiner Natur. Und den Rest tut die stets rege Phantasie seiner Bewohner dazu. Wenn am Bodensee dicke Wolken die Schweizer Berge verhängen und die Wellen gegeneinander anspringen wie Kampfhähne, dann kann man sich sogar einbilden, das Meer zu Füßen zu haben, das Schwäbische wenigstens.

So mannigfaltig die Formen der Landschaft sind, so unterschiedlich sind auch die Menschen nach Art und Gehaben und Sprache.

Droben auf der Alb, die wie das Rückgrat eines Urwelttieres quer im Ländle liegt, lebt ein besinnlicher, wortkarger, genügsamer Schlag. Die Einsamkeit seiner wacholderbestandenen Heiden und Schafweiden, die schweigsamen Buchenwälder seiner Halden und die »steinreichen« Äcker nahe dem Himmelsblau haben ihn so geformt.

Ganz anders Oberschwaben. Ein lichter Himmel über weitem und fruchtbarem Hügelland, über Mooren und Seen und reichen Höfen und Dörfern. Die Zwiebelkuppeln der vielen Kirchen und Klöster, die Türme seiner alten Städte ragen in ihn hinein, und fern am Horizont blaut der Bodensee und leuchtet der ewige Schnee der Alpen. Von einer hellen Heiterkeit ist dieses reiche Land überflutet, und lebensfroh, hell und besitzstolz sind die Oberschwaben.

Im Schwarzwald wachsen Menschen, zäh wie die Wettertannen und versonnen wie die Täler und unergründlichen Karseen ihrer Heimat. Die Wäldler sind grüblerisch und sinnierlich und, aufs Praktische gewandt, erfindungsreiche Bastler. Einst wanderten sie, die an langen Winterabenden gebastelten Uhren auf dem Rücken, durch aller Herren Länder, genau wie das Holz ihrer Wälder, zu Flößen zusammengebunden, halb Europa durchschwamm. Sie haben Köpfe wie aus Holz geschnitzt, so eigenwillig, so kantig und auch so hart.

Im Neckargebiet aber, dem Herzstück des Landes,

herrscht Leben und Umtrieb und Regsamkeit. Der alles belebende Schwabenfluß reiht seinen Lauf entlang Stadt an Stadt und Städtchen an Städtchen wie Perlen an einer Schnur und zieht wie ein Magnet alle Unternehmungslust des Landes an sich. Fabriken und Kornfelder, Maschinenlärm und Sensendengeln mischt er seinen Ufern entlang zu einer eigenartigen Symphonie und weiß das alte gemächliche Erbe seiner Städtchen mit dem technischen Erfindergeist der neuen Zeit aufs glücklichste zu versöhnen. Und »kommt nicht der Most geflossen von tausend Hügeln her«? Der Wein ist den Neckarschwaben ins Blut gegangen, sie sind lebhafter, vielleicht auch hitziger als ihre Stammesbrüder, aber das enge Aufeinanderwohnen hat sie umgänglicher gemacht.

Und alle sind Schwaben, und alle schwäbeln. Wenn auch nicht auf dieselbe Art. Die Unterschiede im Sprechen sind fast noch bunter als der rasche Szeneriewechsel der Landschaft. Wollte man ihre Grenzen graphisch darstellen, es entstünde ein solches Gewirr von Kurven und Linien, daß kein Mensch daraus klug würde. Manche dieser Grenzen haben natürliche Ursachen: Gebirge, Seen, verkehrshemmende Flüsse. Andere fallen mit alten Hoheitsgrenzen zusammen, und viele spotten schlechterdings jeder Erklärung. Schon zwischen zwei Ortschaften, die einen Katzensprung auseinander liegen, bestehen oft Verschiedenheiten in Aussprache und Wortschatz, die man nur feststellen, aber nicht begründen kann.

Nun, nachdem wir erfahren, was wir schon vorher gewußt haben, nämlich daß man Schwäbisch in Schwaben spricht, hier so und dort anders, wirst du fragen: wo denn aber bei der Buntscheckigkeit lokaler Eigenheiten das echte und richtige Schwäbisch gesprochen werde? Wenn du damit so etwas wie ein Normalschwäbisch meinst, so muß ich dir antworten: nirgends.

Oder, wenn du das lieber hörst: überall.

3. *Dreierlei Schwäbisch*

Auch im Schwäbischen macht der Ton die Musik. Ein Germanist hat einmal gesagt, der Schwabe spreche, wie wenn er erst gestern auf die Welt gekommen wäre, im Tone eines fortschreitenden Erstaunens.

Diese Sprachmelodie und seine schlaffe Artikulierung verraten ihn meist auch dann noch, wenn er die heimischen Doppellaute ei und au abgelegt hat, bereits ein spitzes st spricht und der überreiche Schatz seiner Nasenlaute nur noch in der Silbe »an« kümmerlich bei ihm a h n klingt. Übrigens wird bei ihm die »Entschwäbung«, wie Schiller sie nennt, selten so weit gehen, daß er zwischen zwei heißen

Eisen und drei beißenden Eißen (Furunkeln), zwischen einer Taube und einer Tauben keinen Unterschied mehr macht; jene wird er gräulich finden, das Unglück dieser aber greulich.

Dem Zwang im allgemeinen und im besonderen dem, schriftdeutsch zu sprechen, unterwirft er sich nur, wenn's nicht anders geht. Es käme ihm geschraubt vor, das Schwäbische seiner Redeweise zu unterdrücken, und unter Landsleuten würde er bei einem solchen Versuch ausgelacht werden. Ein schwäbisches Sprichwort sagt von einem, der allzu dialektfrei spricht: Dem sei' Red hôt koa' Hoamet.

Dieses Mißtrauen gegen eine Aussprache ohne schwäbischen Akzent ging in den Verfassungskämpfen des Vormärz einmal so weit, daß ein Redner im Landtag, mit Anspielung auf den unbeliebten, »reingeschmeckten« Minister von Wangenheim, den König vor den Gefahren »eines wohlklingenden fremden Dialekts« warnte.

Auch die größten Schwaben sind zeit ihres Lebens dieser Neigung zum Schwäbeln treu geblieben, und der größte schwäbelte nicht nur mündlich und in Prosa, sondern auch gedruckt und in Versen: Schiller. Als er in Mannheim den Schauspielern seinen »Fiesko« vorlas, liefen sie ihm davon, weil, wie es heißt, seine übertriebene Deklamation und seine schwäbische Mundart unerträglich waren. Seine Schwägerin Karoline schreibt in einem Brief: »Don

Carlos wird gut werden, mein' ich, wenn er seine Sprache nur ein wenig vom Schwabenland reinigte.« – »Ja, sehet Se«, sagte er selbst einmal zu einer Schauspielerin, »i bin halt e' kurioser Kauz ...«

Man hat ihm vorgeworfen, er reime Sträuche auf Teiche, König auf untertänig, scheiden auf Freuden und wimmern auf dämmern. Man muß diese Reime nur richtig schwäbisch aussprechen, dann klingen sie ganz »rein«. In dem Jugendgedicht »Leichenphantasie« reimt er sogar:

Mutig sprang er im Gewühle der Menschen,
wie auf Gebirgen ein jugendlich Reh;
Himmel umflog er in schweifenden Wünschen
hoch, wie ein Adler in wolkiger Höh' ...

Das hat ihm das bissige Epigramm von A. W. Schlegel eingetragen:

Wenn jemand Schooße reimt auf Rose,
auf Menschen wünschen, und in Prose
und Versen schillert: Freunde, wißt,
daß seine Heimat Schwaben ist.

Wir Schwaben empfinden das auch nicht schlimmer als Goethes frankfurterisches »Ach neige, du Schmerzenreiche ...«

Der Tübinger Sprachforscher und Mundartdichter

Moriz Rapp, ein typisch schwäbisches Original, von dem noch zu reden sein wird, schrieb 1856: »Als Hegel und Schelling (wir dürfen ruhig auch den dritten Namen beifügen: Hölderlin) zusammen auf einer Stube des Tübinger Stifts studierten und verkehrten, glaubt ihr denn, sie haben anders als schwäbisch gesprochen? Ich habe beide Männer, da sie auf dem Gipfel ihres literarischen Ruhmes standen, gekannt und viel sprechen hören, und sie haben auch im Alter zwar nicht mehr gemeines Schwäbisch gesprochen, aber ihre Heimat gleichwohl in keiner Silbe verleugnet. Und so war es mit Uhland ... und mit allen anderen schwäbischen Talenten ...«

Für Mörike bestätigt Theodor Storm das gleiche: »In meiner Heimat, wo das Plattdeutsche sich schärfer von der Schriftsprache scheidet, ist man nicht gewöhnt, einen derartigen Anflug von Dialekt in der Unterhaltung zu hören; auch Mörikes Gedichte, hatte ich sie nun laut oder leise gelesen, waren mir stets nur in meiner eigenen Sprache dagewesen. Nun hörte ich den Dichter selber in behaglichster Weise sich in der Sprache seiner schwäbischen Heimat ergehen, insbesondere beim Mittagstische im Gespräch mit seinem Jugendfreunde Hartlaub. Als ich ihm meine Gedanken darüber kundtat, legte er zutraulich die Hand auf meinen Arm und sagte lächelnd: ›Wisse' Se was? Ich möchts doch net misse'.‹«

Daß der Dichter des »Stuttgarter Hutzelmännleins« sogar schwäbische Mundartgedichte machte, verriet er seinem Freund Storm nicht, und selbst seine Landsleute kennen im allgemeinen nur jenes eine im »Hutzelmännlein«: »Ufam Kirchhof, am Chor...« Es gibt aber noch mehr von ihm. Ein glücklicher Zufall hat mich eines dieser vergessenen Mundartgedichte in einer vergilbten Zeitschrift aus dem Jahre 1854 finden lassen. Mörikes Wunsch gemäß hat man es nicht in seine Werke aufgenommen, in einem seiner Schreibbücher aus dem Jahre 1844 steht nämlich die Notiz dabei: »Nie in die Sammlung aufzunehmen.« Hier aber soll es für Mörikes Schwabentum zeugen.

Der Schäfer und sein Mädchen

Sie:

Mir ist mei' Herz so schwer,
des treibt mi zua dr her.

Er:

Mädle, gang waidle heim!
D Nacht ist so kalt;
meine Lamm schlôfet scho'
und i au bald.

Sie:

I gang et furt heut Nacht,
bis d mr hôst Friede' gmacht.

Er:

Mädle, mei' scharpfer Hund
brummt und wurd wild:
er leidt kein Wolf und au
kei' falsch Weibsbild.

Sie:

Mond und Stern rüaf i a',
wer mi sell zeihe' ka'.

Er:

Mond und Liab hent bei euch
einerlei Rang:
heut ist r voll und klar –
aber wia lang?

Sie:

Schwör i beim liabe' Gott, –
machst mr den au zu Spott?

Er:

Der schaut in euer Herz,
aber i et.
Mädle, jetzt gang und flenn
liaber im Bett.

Sie:

Witt du's et anderst han,
Schatz, und so scheid i dann.

Er:

Andl, pressier et so!
Mädle, tu stät!
Andl, s' könnt sei', daß i
dir Ua'recht tät.

Sie:

I ka' nix sage' meh,
als daß i ganz dei' be.

Er:

Schau, i glaub dr 's und verzeih mr du mein Sparre',
Schätzle, mi plôgt ebe' d Eifersucht e' weng,
dia macht iabott jô au s'wäckerst Bluat zum Narre' –
d Liab ist halt e' heikels Deng.

Beide:

Komm a' des treulich Herz
und vergiß alle' Schmerz!
Uf Sturm und Rege'zeit
fallt Sonne'schei',
d Liab hô halt Leid wia Freud,
und so muaß sei'!

Damals freilich, bei dem Besuch Storms, wird Mörike, schon aus Rücksicht auf seinen norddeutschen Gast, kaum dieses Schwäbisch gesprochen haben. Und auch Hegel und Schelling durften auf ihren

Berliner Kathedern ihren Hörern nicht zu breit kommen, sollten sie ihnen nicht genauso untreu werden wie dem schwäbischen Minnesänger Hugo von Werenwag seine Fraue, von der er klagt:

Mîn rede ist ir unbekannt:
sost (so ist) ouch daz mîn ungelinge (Unglück),
s waz ich ir in Swaben singe,
daz git (gibt) sî eime in Franken lant.

Nein, was alle diese Großen gesprochen haben, war die sogenannte schwäbische Hochsprache. Solltest du, lieber Leser, einmal ins Ländle kommen (was ich deinet- und unseretwegen wünsche!), so wirst du bald merken, daß es eines ist, wenn dir im Stuttgarter Bahnhof ein Beamter in schwäbischem Hochdeutsch Auskunft gibt; und ein anderes, was etwa in einer Weinstube vom Honoratiorentisch zu dir herüberklingt; und ein drittes, was du bei einem Ausflug aufs Land bei den Bauern hörst. Erst dieses dritte ist die eigentliche Mundart. Sie wird dir, je nach dem Grad der Entfernung deiner Heimat vom Ländle, fast verständlich bis ganz chinesisch vorkommen.

Das schwäbische Hochdeutsch der Gebildeten bei feierlichen Anlässen kennzeichnet klassisch der bekannte Ausspruch des Tübinger Professors Köstlin: »Das Schenschte in der blaschtischen Kunscht ischt der Bruschtkaschten der Fenus von Milo.«

Nur um darzutun, daß das Schwäbische – nehmt alles nur in allem! – vor keinem Gesellschaftskreis haltmacht, und um den Irrtum zu widerlegen, wir Schwaben wüßten zwischen »ist« und »ißt« nicht zu unterscheiden, stehe hier eine kleine Geschichte vom »Soldaten« Wundt, einem beliebten alten General. Im ersten Weltkrieg hatte ein Kriegsfreiwilliger eines preußischen Regiments im Park von Thiepval Wache. Er war jung, noch nicht lange an der Front, und dunkel war's auch. Da hörte er hinter sich im Gebüsch ein Knacken und Rascheln; er riß das Gewehr herunter und starrte ins Dunkel. »Ist hier jemand?« rief er mit halblauter Stimme und dem scharfen st der Norddeutschen Tiefebene. Aber beruhigend klang ein gemütlicher Baß aus den Büschen: »Em Gege'toil, hier scheißt der Genral Wundt.«

Zwischen der »Hochsprache« und der bäuerlichen Mundart steht das Honoratioren-Schwäbisch, wie wir es nennen. Es ist die Sprache der städtischen Schwaben. So redet man am Wirtstisch und in den Läden, bei Behörden und in der Familie, und im Tübinger Stift diskutiert man darin sogar die heikelsten philosophischen Probleme. Es ist ein wunderliches Gemisch. Das ganze Material der Bildung und der Buchsprache wird unverkümmert und unbekümmert übernommen, nur erhalten alle Ausdrücke schwäbische Lautform, auch die gelehrtesten Fremdwörter und Fachausdrücke. Hart daneben stehen, wie erratische Blöcke, Wörter und Redensarten aus dem Bereich der unverfälschten Bauernmundart, deren klobige Formen nur leicht abgeschliffen sind.

Auf einen Fremden mag dieser Halbdialekt zuweilen einen komischen Eindruck machen. Was soll er denken, wenn er zwei gesetzte Mannen vor einem Viertele Roten mit »dr Fene'mene'logie vom Hegel ond em ›Deng an sich‹ oder deam ganze' phile'sophische' Lohkäs om sich schmeiße'« hört?

Die meisten Kennzeichen des Schwäbischen überhaupt finden sich bereits in dieser schön »durchwachsenen« Sprache der schwäbischen Städter. Da wäre die Neigung, das auslautende e der Endungen abzuwerfen (Leut, Aff, Gäns); dann die Vorliebe für das Hilfszeitwort »tun«. Man tut bei uns schlechthin alles: ma' tuat schaffe', ma' tuat esse', und es ist nur logisch, daß bei einem so tätigen Schlag sogar das Nichtstun ein Tun ist: ma' tuat au faulenze'. Ein guter Rat lautet: des tät i net toa', woraus zu entnehmen, daß auch der Konjunktiv (die Möglichkeitsform) häufig mit »tun« gebildet wird.

Auch die Freude an übertreibenden Ausdrücken macht sich schon bemerkbar. »Schwätze'« ist nicht schwatzen, sondern einfach reden; wenn andere gehen, so laufen wir bereits, kommen jene ins Laufen, so springen wir schon, und wo es zu springen gilt, hüpfen wir. In Stuttgart hörte ich einmal einen biederen Bürgersmann, als er aus einem Uhrmacherladen herauskam, zu seiner Frau sagen: »Der Lomp hôt die Uhr noh' net fertig.« Eine Beschimpfung des ehrbaren Handwerkers war damit keineswegs beabsichtigt; der Mann wollte nur feststellen, so was sei eine kleine Schlamperei. Und in einer Wirtschaft vernahm ich, wie ein selbst nicht mehr jugendlicher Rechtsanwalt im Gespräch über einen abwesenden Bekannten äußerte: »Ha, des muaß jetzt au scho' en alter Dackel sei'.« Auch hier konnte von einer Beleidigung nicht die Rede sein; es sollte lediglich das gesetzte Alter des Betreffenden und die damit verbundene Abnahme der geistigen und leiblichen Kräfte verdeutlicht werden.

Vielleicht das auffälligste Merkmal unserer Mundart ist ihre schlaffe Artikulierung, das heißt, ihre weitgehende Schonung der Sprechwerkzeuge. Herb und derb gesagt: die Maulfaulheit als gestaltendes Prinzip unserer Sprache! Auf ihr Konto kommen die bequemen Nasenlaute, die selbst in Wörtern auftreten, wo für ihre Existenz kein zureichender Grund zu finden ist, wie in Na's (Nase), ma'g (mag) usw. Dieser Maulfaulheit wegen schenken wir uns das e in der Vorsilbe ge-, und manchmal sogar diese ganz, und sagen: gspronge', ghalte', bliebe'. Auch der Verlust von ö und ü (heflich, Glick), die Quetschung von u vor m, n, ng zu o (Hond, stomm), von ä, i, ö und ü vor den gleichen Nasalen zu e haben diese Ursache. Es klingen demnach im Schwäbischen Lämple und Lümple, Hämmel und Himmel, Ständle und Stündle, Rinder und Ränder gleich. Nicht ganz mit Unrecht foppt man uns darum, wir sagten: »Machs Finster zu, s wird fenster!«

Die Höchstleistung aber erreicht dieser Hang zur Bequemlichkeit bei den hochdeutsch so übermäßig langen Wörtern ja und nein. Dafür sagt der Schwabe, wenn er zustimmt: a'ha', und wenn er ablehnt, umgedreht: ha'a'. Wem auch das noch zu umständlich ist, der macht bloß mhm und hm'm – dazu braucht er dann nicht einmal den Mund aufzutun.

Ob nun dieses Honoratioren-Schwäbisch schön klingt, das möchte ich nicht beurteilen. Praktisch ist es gewiß. In der Buntheit der lokalen Abarten unsrer Mundart stellt es immerhin eine gewisse allgemeingültige Einheit dar. Es kann sozusagen für das Esperanto Württembergs gelten. Stuttgart und Tübingen, das eine als Hauptstadt und Verwaltungsmittelpunkt, das andere als Quelle der Bildung, haben es weitgehend geformt. Es verschlägt dieser Einheit nichts, daß gerade in ihr, sowenig man sonst von einem protestantischen oder katholischen Schwäbisch reden kann, die konfessionellen Unterschiede sich ausdrücken. Wen dies bei seiner schwäbischen Bekanntschaft interessiert, der braucht ihr nur den Satz aufzugeben: der Lehrer geht. Sagt sie: der Lährer geht, dann schwört sie auf Luther; sagt sie aber: der Lehrer gäht, auf den Papst. Der verstorbene Tübinger Germanist und beste Kenner unserer Mundart, Hermann Fischer, führt den Unterschied darauf zurück, daß die eine Konfession ein anderes schriftsprachliches Vorbild habe als die andere; das protestantische offene e (= ä) ginge demnach auf die sächsisch-thüringischen Prediger der Reformation zurück.

Literaturfähig hat diesen Gebildeten-Dialekt Fr. Th. Vischer mit seinem Lustspiel »Nicht I a« gemacht. Als Probe setze ich eine Stelle her; es ist der tragische Monolog eines verliebten schwäbischen Vikars, dem soeben sein Luisle den Laufpaß gegeben hat.

»Also aus isch! Matthäi am letzte'! Und so behandelt mi des Mädle, wo i grad ihr Haus, i darf sage' mannhaft, gege' gfährliche Feind verteidigt han – Adje! – Schöne Tag sinds e' Zeitlang gwese' in dere' Liabe. O, wie sie mi s erstmôl kußt hat in dr Garte'laub! Wie nôh dr Pfarrer obe' im Dachlade' mit eme' große Perspektiv erschiene', hats aufgschrauft, runterspioniert, aber z spät. – Alle dia selige Stonde'! O!« (seine Stimme bricht) »Aus für emmer! Nie wieder!« (weinend) »Nei', i zweng me nemme länger – O! O! Und sie ist erst noh' so e', so e' –« (laut schluchzend) »saumäßig netts Mädle!« Das ist leicht zu verstehen? Und so groß scheint der Abstand vom Schriftdeutschen nicht zu sein? Der Schein trügt, es sieht nur so aus. Es sieht nur geschrieben so aus. Vischer hat es seinen Lesern leicht gemacht, indem er das hochdeutsche Schriftbild fast beibehielt. Bei seinem Schwäbisch ließ sich das machen, obwohl auch hier der schwäbische Leser vieles aus eigenem dazutun muß, soll der Text richtig klingen.

Immerhin, der häufige Gebrauch des Auslassungszeichens muß auffallen. Es steht hier nicht für irgendeinen weggefallenen Buchstaben, sondern soll den Nasenlaut andeuten. Wir werden es nachher, wenn wir miteinander in die Geheimnisse der eigentlichen Mundart eindringen, noch oft, fast zu oft, zu setzen haben. Dann wird sich leider auch das schriftdeutsche Wortbild nicht mehr überall halten lassen. Denn dort orgelt und näselt und brauset und zischt es von Lauten und Tönen, für deren Wiedergabe die armseligen fünfundzwanzig Buchstaben des Alphabets kaum mehr ausreichen wollen.

Inzwischen mag, wer es nötig hat, vorbereitend seine Zunge schleifen und »ganz hurtig nacheinander ohne Tadel« hersagen:

s leit e' Klötzle Blei glei bei Blaubeure',
glei bei Blaubeure' leit e' Klötzle Blei!

Oder:

Schellet Se et a' sellere' Schell, selle Schell schellt et,
Schellet Se a' sellere' Schell, selle Schell schellt!

4. *Himmelstuagert!*

»Es war einmal . . .«

Über das frühere Stuttgart brauche ich kein Wort zu verlieren. Man sang allenthalben das Lob seiner Schönheit, nicht nur im Ländle, wenn auch verständlicherweise hier am lautesten. Einem rechten Schwaben geht nichts über sein »Stuagert« und den Stuttgartern schon gar nichts. Als Bürger der Landeshauptstadt und früheren Residenz besitzen sie ein stolzes Selbstgefühl. Noblesse oblige. Sie sind felsenfest überzeugt, ihr »Stuagerterisch« sei gepflegter und feiner als das Schwäbisch von uns Landpomeranzen. Über das Honoratioren-Schwäbisch kommt es freilich doch nicht hinaus, auch dann nicht, wenn es nicht gerade im Bohnenviertel gewachsen ist.

Stuttgart hat jetzt 500 000 Einwohner. Also gibt es 500 000 Stuttgarter? Weit gefehlt! Nicht jeder, der so aussieht und so tut, ist einer.

Des Geflaiger und Geflare,
des ist lauter Larefare!
es hôt, i sag drs frank ond frei,
zemlich Häslicher drbei.

So August Lämmle, der sich auskennt. Die Heslacher, Cannstatter, Feuerbacher, Botnanger, Degerlocher, Gablenberger, Gaisburger, Hedelfinger,

Wangener – kurz, alle Bürger der Vororte wollen Stuttgarter sein und sind es ja auch. Für den Fremden wenigstens. Aber nicht für den alteingesessenen Stuttgarter. Der hält da sehr auf Distanz. Für ihn sind und bleiben die Botnanger »die Kuckuck« und die Gaisburger »die Wakamba« (weil sich ein paar Gaisburger Burschen einmal auf dem Cannstatter Volksfest als Wakamba-Neger zur Schau gestellt hätten) und die Heslacher eben »Häslicher«. Eine alte Frau soll neulich – so erzählte mir wenigstens ein Stuttgarter – in einem amtlichen Gebäude mit vielen Gängen und Zimmern herumgeirrt und schließlich einfach in das nächste beste Büro hineingestürzt sein mit den Worten: »I woiß et, bin e reacht oder bin e et reacht, i bin vo' Häslich.« Damit ist alles gesagt.

Die Zugezogenen vom Land nennt der waschechte Stuttgarter »Rei'länder« (weil sie vom »Land rei« kommen), und für die von noch weiter her hat er die Bezeichnung »Rei'gschmeckte«. Im tiefsten Grund seines Herzens bedauert er sie alle. »Glaubsch et?« sagt er, wenn einer einen Zweifel hat, »– nôh verzähl is grad eme' Feuerbächer, der ist froh dra'.«

Ja, die Stuttgarter sind exklusiv. Das erfuhr ich, als ich einmal einen Schirm kaufen wollte. Die Besitzerin des Ladens, eine ältere Frau von kühler Höflichkeit, legte mir zuerst billige Sachen vor, und nur zögernd und nach kritischer Prüfung meines

Äußeren brachte sie bessere. Ein Schirm gefiel mir; ich fragte nach dem Preis und ob er sich auch gut trage. Da maß mich die Stuttgarterin noch einmal und sagte: »Den? Den kann i meiner feinste' Kundschaft für gut verkaufe'«.

Übrigens sind sie auch unter sich selbst so. Man kennt den verzweifelten Ausruf jenes Vorstadtbeizers (Beizer ist Wirt), der eines Sonntagnachmittags vier Stuttgarter auf sein Haus zukommen sah: »Um Gotteswille'! Dô kommet vier Stuagerter, und i han bloß drei Tisch!«

Bekanntlich fällt dem Einheimischen das Allgemeine, Gewöhnliche seiner Umgebung nicht auf, weil er es als Selbstverständlichkeit hinnimmt. Dem Fremden aber springen gerade solche Dinge zuerst in die Augen. Und darum will ich aus einem Aufsatz über »Stuttgart, die Stadt«, in dem ein Zugezogener – Erik Graf Wickenburg – von seinen ersten Begegnungen mit den Stuttgartern erzählt, ein paar Sätze hersetzen. (Ich tu' es freilich auch deshalb, weil die gute Meinung des Verfassers uns wohltut.)

»... Ich gestehe, daß ich, gewarnt von lieben Freunden und beeindruckt von mancher strengen Schilderung, einen kleinen Horror vor den Schwaben hatte, sie waren mir als zwar gemütlich (welcher Deutsche ist das nicht?), aber mißtrauisch, verschlossen und fremdenscheu dargestellt worden ...

Schon am zweiten Tag meiner Anwesenheit in

Stuttgart begann sich das Blatt meiner Anschauung zu wenden. Arbeiter und Passanten, die ich um Auskunft fragte, antworteten so heiter und dabei mit so gutartigem Witz, die Gesichter, die ich sah, waren von so echtem Schrot, die Verkehrsschutzleute von so parlamentarischer Einsicht, die ersten Bekanntschaften von so schöner Menschlichkeit, daß ich mich alsbald selber überreden durfte: in einer Stadt, wo es solche Menschen gebe, könne es nicht arg zugehen. Wo blieb die verhohlene Bosheit, das frenetische Sektieren? ...

Unter meinen neuen Bekannten auf der westlichen Höhe wohnten einige ›Am Kräherwald‹. Da mir jemand gesagt hatte, dies sei das beste Wohnviertel, gab ich in einem Laden (ich leugne's nicht) diese Adresse mit einem gewissen Stolz an. Niemand zuckte mit der Wimper. War's demokratische Haltung, Volksgemeinschaft, ungehobelte Ländlichkeit? Mitnichten. Mein Fehler allein war es, etwas Besonderes zu erwarten, auf billige Weise Eindruck schinden zu wollen. Offenbar schätzt man hier Reichtum ganz ebenso wie auf der ganzen Erde, aber niemand fühlt sich bewogen, vor ihm in Ehrfurcht zu ersterben, niemand behandelt den anderen allein deswegen besser, weil einige Millionen unsichtbar hinter ihm stehen. Man sieht den Besitzenden ihren Reichtum auch zumeist nicht an; womöglich stehen sie noch selber hinter der Theke. Hier wird früh aufgestanden und bald schlafen gegangen, das Erwerben ist eine ernst und sachlich betriebene Beschäftigung, die Tag und Leben voll ausfüllt . . .

Und noch einmal ›Kräherwald‹: dieses Viertel ist keineswegs so exklusiv, wie ich zuerst gemeint hatte, die Lebensbedingungen für den einzelnen ermöglichen einen gleichmäßigeren Standard als in andern Städten. Man wohnt beieinander, ohne sich grundsätzlich darüber Gedanken zu machen, ob der andere diesen oder jenen Kontostand aufzuweisen habe. ›Ha no'‹, wissen möchte man's schon. Es trägt bloß nicht jeder sichtbarlich seine Klassenzugehörigkeit auf den Hut geklebt, und der Tonfall, mit dem ein Monteur begrüßt wird, der die Lichtleitung nachsieht, ist nicht viel anders als die Begrüßung, die ein Freund des Hauses erfährt. Bei Ministers geht man aus und ein; wie gern erinnert sich noch heute jeder der Kordialität des letzten Königs, der mit keiner andern Suite als der seiner beiden weißen Spitze Ali und Ruti über die Königstraße promenierte, der König auf der Königstraße, ohne daß die Leute wispernd stehengeblieben wären. (Nein, das taten sie nicht, aber sie zogen mit einem herzhaften ›Grüaß Gott, Herr Kenich', den Hut vor ihm.)

Einmal mußte ich eine Einladung infolge heftiger Kreuzschmerzen absagen. Die Gastgeber waren nicht daheim, das Mädchen am Apparat versprach, die Nachricht zu bestellen. Sie zögerte ein wenig. Dann sagte sie: ›Ists arg? Ich wüßt Ihne' e' guts Hausmittele, des hat mir selber au gholfe' ...‹ Ja, hier endlich darf der Mensch es sein ...«

Die ganz echten Stuttgarter durfte man schon früher nicht auf der Königstraße suchen. Schon eher fand man sie abends in den kleinen, zumeist abgelegenen Weinstuben, »Wei'beizle'« genannt, deren unscheinbares Äußeres – o tiefes schwäbisches Symbol! – nicht selten im umgekehrten Verhältnis zu der Gediegenheit des darin Gebotenen stand. Bei einem Viertele »Kriegsberger«, »Cannstatter Zuckerle«, »Untertürkheimer« oder »Uhlbacher« (lauter lautere Weine aus der Stuttgarter Umgebung) »dischgerierten« sie über die große und kleine Welt und, beinahe noch um einen Grad ernsthafter, über das »Bode'gfährtle« des Weins, über sein Bukett, wie das hochdeutsch heißt. Da hockten sie in männlicher Würde, wie sie der Wein verleiht, bei einem ordentlichen Vesper (Saure Kuttle', Dämpfte Nierle', Herz mit Spätzle' usw.) und nicht sehr wortreichen Gesprächen. Sehr laut oder gar übermütig ging es da nicht zu. Das ist nicht ihre Art. Willy Reichert erzählt, bei einem Fastnachtsumzug, dem ersten wieder seit langen Jahren, sei er neben einem Stuttgarter gestanden. Der habe vor offiziell erlaubter Narretei geradezu übergeschäumt. Als nämlich eine Musikkapelle vorüberzog, habe er – verhältnismäßig laut – mitgesungen: »Es war einmal ein treuer Husar ...« Freilich nicht den Text, aber immerhin so: la la la la, la la la la ... Aber da hätte gleich ein Dutzend anderer Stuttgarter empört gerufen: »Ruhe! Ruhe!! Ruhe!!!«

In so ein »Wei'beizle« mußte man also gehen, wenn man die richtigen alten Stuttgarter, ihre Sprache und ihre Weine kennenlernen wollte. Oder, und das war noch sicherer, zu Willy Reichert selbst, dem Klassiker des Stuttgarter Schwäbisch. Abend für Abend stellte er dir zwei waschechte Stuttgarter vor, das Freundespaar Häberle und Pfleiderer, gute Bürger (nicht sehr verschieden von denen unten im Parkett), die sich mit vielen So, so und Ja, ja über das Wetter, den Wein, die Politik, die Verwandtschaft und andere häusliche Sorgen unterhalten. Hier tat sich dir die Stuttgarter Seele sperrangelweit auf, hier wehte dir unverfälschter Nesenbachgeist entgegen.

Natürlich kannst du auch auf der Straßenbahn, die unterm Witz der Stuttgarter viel zu leiden hat, lehrreiche Eindrücke sammeln. Es ist dort üblich, daß der Schaffner nur fragt: »Hat schon alles?« (Fahrscheine nämlich), oder auch: »Ei'gstiege'?« Einmal gab ihm eine Marktfrau – die Marktfrauen empfehle ich dir für deine Studien der schwäbischen Sprache und Seele besonders warm! – die Antwort: »Ja, moinet Se, i sei en deam Wage' uf d Welt komme'?« – »Noi«, sagte darauf der Schaffner, »so alte Kärre' hent mir gar net.«

Stuttgart ist nicht nur die größte, es war auch die schönste Stadt im Ländle. Und der »Krattel«, der Stolz der Einheimischen auf ihr »Stuagert«, war berechtigt. Heute aber hängen sie mit noch größerer Liebe an ihrer unglücklichen Stadt.

Henter Stuagert – hôst en Zweifel? –
kommt zerst nix ond nôh Pfuiteufel!
– D Stuagerter muaßt haöre', nôh
glaubst bald selber, s sei e'so.

Älls, was reacht ist, aber s geit
henter Stuagert au noh Leut,
des send au et lauter Schlurger[1]!
Freile, i gstand offe'n ei:
wär i et e' Raote'burger,
möcht i schier vo' Stuagert sei'!

5. Gaoh', staoh', bleibe' lao'!

»Die Schwaben, möcht einen bedunken,
brauchen die Naase zu ihrer Aussprach.«
Simplicius Simplicissimus.

»Schwätz schener!« pflegte meine Mutter zu sagen, wenn meine Redeweise zu stark nach Bubenfreiheit roch. Das tat sie allerdings häufig. Wie alle Kinder fing ich auf der Gasse und in der Schule mit Vor-

[1] Schlamper, »kein Rechter«.

liebe das auf, was durch Breite und vollen Klang mir ebenso ausnehmend gefiel, wie es zu Hause entsetzte.

Genau besehen, entpuppt sich dieses weitverbreitete Müttervorurteil nicht als ein ästhetisches, sondern als ein soziales. Nicht »schöner« ist das Honoratioren-Schwäbisch, sondern »vornehmer« scheint es zu klingen. Mit der Schönheit einer Sprache ist es nämlich so eine Sache. Der Wohlklang allein tut's nicht, es gehört mehr dazu: innere Logik, entwicklungsgeschichtliche Konsequenz, Triftigkeit im Ausdruck, Kraft der Anschaulichkeit und die Fähigkeit zu sinnvoller Wortbildung. In dieser Hinsicht kann sich nun unser Schwäbisch recht wohl sehen lassen. Es ist ja nicht, wie Oberflächliche meinen, Schlamperei oder Willkür, sondern das Ergebnis eines sprachgeschichtlichen Prozesses, der nach eigenen strengen und wunderbaren Gesetzen verlief.

Sprich also, Landsmann, wie dir der Schnabel gewachsen ist, und schäme dich dessen nicht! Die Sprachgeschichte ist auf deiner Seite.

Es heancht[1] e' bitzle rauh iarmôl[2], s ist wôhr,
truiheazig aber ist es denischt[3] doch,
und was ma' schwäbisch sait, beim reachte' Loch
muaß s Woat doch naus – jetz was isch für e' Gfôhr?

Der Oberschwabe Michel Buck hat recht. Für uns, die wir in diesem Büchlein miteinander Schwäbisch

[1] tönt. [2] dann und wann. [3] dennoch.

treiben wollen, liegt die Gefahr ja auch weniger im Sprechen als im Schreiben.

Schreib, wie du sprichst, könnte man sagen, und ich befolgte den guten Rat gern, wenn es nur ginge. Wie aber soll ich unsre über zwei Dutzend Selbst-, Um-, Doppel- und Nasenlaute mit den fünf Vokalzeichen unsres Alphabets lautgetreu wiedergeben? Die Mundartforschung zieht sich mit einer eigenen Lautschrift aus der Patsche; da sieht dann ein schwäbischer Satz aus wie eine algebraische Gleichung. Damit darf ich aber den guten Willen meiner Leser nicht mißbrauchen. Bleiben wir also, auf die Gefahr hin, vieles ungenau und manches gar nicht zu bezeichnen, doch lieber beim guten alten Abc und – nach Möglichkeit – sogar beim Wortbild der schriftdeutschen Rechtschreibung. Nicht, weil diese Orthographie besonders gelungen und sinnvoll wäre – das ist sie nicht einmal für das Hochdeutsche selbst, kann es also viel weniger für unser Schwäbisch sein, dessen Lauterscheinungen dem Mittelhochdeutschen noch näher stehen –, sondern aus reiner Zweckmäßigkeit.

Meine Landsleute werden die rohen Andeutungen unwillkürlich aus eigenem ergänzen, für Nichtschwaben allerdings müßte dem Buch fast eine Schallplatte mit Sprachproben beigegeben werden. Die Problematik der Sache ersieht man am besten aus ein paar Beispielen:

wir schreiben:	wir sprechen
hôt ma'	hôpma'
z Stuagert wurds oam	zschtua'get wuhtsoam-
angst ond bang	angschtombang
d Füaß send verbrennt	pfia's sempfrbrennt
dôdevo' ist koa' Red gsei'	dôda'fo' ischkoa'rehgsei

usw.

Eine kleine Übersicht über die wichtigsten schwäbischen Laute läßt sich also, wie man sieht, nicht umgehen. Zuerst ein paar Selbstlaute, die im Hochdeutschen fehlen:

a'

genäseltes a; z. B. s hôt a'fange' jeder Ma' e' Fah' en dr Ha'd. Jedes a vor m, n und ng wird so gesprochen.

e'

ein unbestimmter, dumpfer Laut zwischen a und e (ähnlich dem des englischen unbestimmten Artikels »a«). Er kommt sehr häufig vor, auch in der Endsilbe -en (Flecke', Haufe', schwätze'), vor allem aber bedeutet dieses e' den unbestimmten Artikel ein, eine.

Das genäselte e, das eigentlich mit diesem Zeichen wiederzugeben wäre, bezeichne ich nicht und schreibe dafür die schriftdeutschen Laute ä, e, i, ö und ü, die vor m, n und ng ja alle das nasale e ergeben: Gä's (Gänse, gesprochen Geh's), schö', i bi', Strümpf.

o'

genäseltes o wie im französischen non; z. B. noh' (noch), Soh', vo'.

Drei dieser schwierigen Laute in einem Wort ergeben die bekannte Schwabenprobe »O'a'gnehm«. Das ist so unangenehm schwer auszusprechen, daß selbst ein des Näselns gewohnter Franzose es kaum fertigbringt.

ô

offenes o wie im englischen to call, the hall; z. B. jô, am Obed hôt ma' Schlôf. Vertritt oft ein langes hochdeutsches a.

Nun zu den Doppellauten. Sie gedeihen bei uns so üppig, daß wir sie kaum selber alle kennen.

au, ou

Das Hochdeutsche verlangt für alle au die gleiche Aussprache, ein helles au. Wir dagegen gl a u ben, man müsse nicht jede Neuerung blindlings aufkl a u ben (sprich ou!), und so sind wir auf dem Weg vom alten û (wie es das Alemannische in Hûs und Bûr noch bewahrt) zum schriftdeutschen au halbwegs bei einem dunklen Bour, Hous stehengeblieben. Ich schreibe aber immer au.

ei, oa (oi), ai, ui

Hier liegt der Fall ähnlich. Pietätvoll, wie unser Schwäbisch ist, hält es die ei nach ihrer Herkunft säuberlich auseinander. Man spricht ei (wirklich ei, nicht ai) in Wörtern, die im Mittelhochdeutschen ein langes î hatten; aber man spricht oa (im westlichen Schwaben) oder oi (in der östlichen Hälfte), wo früher ein ei oder ai stand. Ein Beispiel: der Reif auf den herbstlichen Bäumen heißt schwäbisch Reife' (mhd. rîf), der Reif, am Most- oder Güllenfaß etwa, dagegen heißt Roafe' oder Roife' (mhd. reif).

Auch Leute, läuten werden mit dem steilen ei gesprochen. In Heu, Fräulein, Freude jedoch klingt ein helles ai, und in neu, drei wird der Doppellaut gar zu einem ui!

Jedem Nichtschwaben wird das als sinnloses, willkürliches Durcheinander vorkommen; er tut uns aber damit Unrecht. Wir Schwaben sind nicht daran schuld, daß das Hochdeutsche alle diese alten Unterschiede verwischt hat und die heutige Rechtschreibung vollends willkürlich mit den Buchstaben umspringt. Wir Schwaben halten uns mit diesen Unterscheidungen nur an die geradlinige lautgesetzliche Entwicklung. Nur eine Darstellung dieser Sprachgeschichte könnte dem Nichtschwaben darüber Aufschluß geben, wo ai, wo ei und wo ui zu sprechen ist; er müßte Alt- und Mittelhochdeutsch lernen, um es in dieser Hinsicht halbwegs mit einem schwäbischen Abc-Schützen aufnehmen zu können – so gelehrt, auch wenn wir's nicht wissen, kommen wir schon auf die Welt! Getreu dem Versprechen, das schriftdeutsche Lautbild zu wahren, schreibe ich nur die oa, oi und ui.

ae, ao

Diese beiden Doppellaute sind ebenfalls das Ergebnis einer konsequenteren Entwicklung unserer Mundart. Als im Hochdeutschen aus einem Wîb ein Weib wurde, machten wir auch aus einer Ehe eine Aeh, aus Schnee Schnaee, aus bös baös, und über solcher Breite ging auch unser Ohr zu einem Aohr auseinander.

ei', oa' (oi'), ao'

Wenn schon genäselt sein muß, dann ausgiebig, denkt der gründliche Schwabe und probiert seine Nase auch an den Doppellauten. Dabei gelingen ihm: Schei', Stoa' (oder Stoi') und Mao'. Diesen letzten, der sich in dem bekannten Kennwort unsrer Mundart »Gaoh', staoh', bleibe' lao'« dreimal wiederholt, teilen wir mit den Portugiesen. Und diese nasale Verwandtschaft hat in der schwäbischen Literaturgeschichte einmal zu einem grotesken Unfall geführt – aber davon später!

ea', ia', ua'

Das sind die letzten. Sie gibt es nur genäselt. Innerhalb der Wörter kann ich deshalb den Apostroph weglassen; ich schreibe also: seah' (sehen), Feaster (Fenster), Müah' (Mühe), schiaße' (schießen) und Bua', Mehrzahl Buabe'.

Schön sind sie vielleicht nicht, diese Nasenlaute, aber was ihnen in dieser Hinsicht abgeht, ersetzen sie durch ihr ehrwürdiges Alter von sieben- bis achthundert Jahren.

Wer sich über die Herkunft unserer eigentümlichen Laute unterrichten will, sei auf Professor J. K. Brechenmachers »Schwäbische Sprachkunde« (Stuttgart 1925) verwiesen; sie stellt mit meisterhafter Klarheit die lautgesetzliche Entwicklung des Schwäbischen dar.

Bei den Mitlauten können wir uns kurz fassen. Anders als im Hochdeutschen lauten hier nur:

k: nur im Anlaut vor Vokalen hart: Karle, komm, ka'st d'Kätter kitzle'!

p: ist unbekannt, in einzelnen Wörtern bestenfalls als bh (Pacht, Peter), meist aber als einfaches b.

st und sp: müssen stets als scht und schp gelesen werden; nicht aber ßt, das wie hochdeutsch klingt.

t: in der Regel wie d, nur in einzelnen übernommenen Wörtern hart (Tee, Titel, Theater).

Es wäre noch viel zu sagen, zum Beispiel, daß das r vor Zahnlauten meist schwindet und in diesem Fall den vorhergehenden Vokal verlängert: waate', Schuuz; oder zu einem a wird wie in Zoan, Heaz. Weshalb sich die Reutlinger auch den Übernamen »Hiischhöanle'« (= Hirschhörnle' nach dem württembergischen Wappen) gefallen lassen müssen.

Ich denke aber, meine verzweifelten Leser werden

an dieser Lektion, die sie so gräßliche Mundverrenkungen kostet, bereits genug haben. Für alles Fehlende absolvier' ich mich mit einem Vers von Weitzmann:

> Herr, hätt i ui et älles gsait,
> seand seall so gscheit, verrôtets;
> des, was i gwüßt hao', hao'n i gsait –
> jetz siedets oder brôtets!

6. *Kleine Sprachlehre*

Ich weiß, unsere Überschrift ruft die peinlichsten Schulerinnerungen wach. Darum wollen wir – ganz unsystematisch – nur ein paar Rosinen aus dem grammatischen Kuchen unserer Mundart picken.

Apropos: Kuchen! Ein Kind schiebt ein Stück ums andre ein. Auf schwäbisch lautet das so: e' Kend schiabt oa' (oder oi') Stuck oms ander ei'. Wir haben also drei Formen für das schriftdeutsche ein und unterscheiden zwischen dem unbestimmten Artikel e', dem Zahlwort oa' und dem Umstandswort ei'. Umgekehrt tut uns das Wörtchen mô (wo) dreierlei Dienste: Mô ist des passiert? – Mô d'Ahne gstorbe'n ist (= damals, als). Und: Dear, mô des tao' hôt ... (Derjenige, welcher). Der bestimmte Artikel lautet bei uns: dr (dr Ma'), d (d Frau) und s oder es (s Kend).

Dear, dia, des dagegen bedeuten dieser, diese, dieses; und seller, selle, sell: jener, jene, jenes.

Mit den Geschlechtswörtern gehen wir nach der Meinung der andern bisweilen recht fahrlässig um. So trägt bei uns das Teller den Butter. Andere Wörter sind sozusagen zweigeschlechtlich, sie wechseln je nachdem die Bedeutung: auf dem Bank kann man von den Sorgen, die einem die Bank macht, ausruhen; der Luft ist die Luft, die in Bewegung geraten ist, also der Wind; und das Sach' zu besitzen, ist eine grübige Sach'. An Festtagen, wenn aus jedem Fenster eine Fahne hing, trug mancher abends einen Fahne' (einen Rausch) heim. Und der Unterschied zwischen »der Mensch« und »das Mensch« ist so alt wie Adam und Eva. Diese sächliche Bezeichnung setzt das gemeinte weibliche Wesen keineswegs immer herab. Ein sauberes Mensch kann eine aller Ehren werte Jungfrau sein.

Mitunter erlaubt sich auch die Mehrzahlbildung solche Bedeutungsunterschiede. Schwäbische Bauernmädchen haben »feste Heazer« und dabei doch »weiche Heaze'«.

Bekanntlich sagt man uns nach, wir hätten nur vier Sinne, weil wir für schmecken und riechen dasselbe Wort gebrauchen. Veigele' und Nägele' (Veilchen und Nelken) »schmecken« zwar gut, aber geschmälzte Spätzle' schmecken dem echten Schwaben besser. Nun hat die Wissenschaft vor einiger Zeit festgestellt, daß Geruchs- und Geschmackssinn ein und dasselbe seien. Unser Schwäbisch hat also – wieder einmal – eine Ehrenrettung erfahren. Daß wir einen ausgeprägten Geruchssinn besitzen, obgleich man ihn uns so lange absprechen wollte, das beweist die große Zahl von Zeitwörtern auf »-ele'«, die alle einen Geruch oder im übertragenen Sinn ein Geschmäckle bezeichnen: bockele' (nicht zu verwechseln mit boggle' = klopfen, pochen) heißt nach einem Bock, brändele' nach Brand und Rauch, gasele' nach Gas riechen usw. Schmergele' kommt von Schmer, bedeutet also einen unfrischen, ranzigen Geruch. Wenn der Dichter Schubart die Geliebte und spätere Gemahlin seines Herzogs, Franziska von Hohenheim, »Donna Schmergelina« betitelt, so verrät seine Nase damit eine gewisse Vertrautheit mit den kosmetischen Geheimnissen der Dame. Daß es bei uns, wie anderswo auch, gelegentlich menschelet, versteht sich von selbst. Weil wir gerade bei Zeitwörtern sind: die gesellschaftlichen Schattierungen unserer Mundart lassen sich hier am deutlichsten erkennen. Haben, gehabt, gewesen lauten beim Herrn Professor Brösamle habe', ghabt, gwese'; beim Herrn Stadtakziser Kächele han, ghett, gwä'; und beim Bauern Gottlieb Schaible hao', ghet, gwea oder gsei'.

Den Mangel des Imperfekts teilt unsere Mundart mit fast allen süddeutschen. Ich war, er kam, sie gingen läßt sich auf schwäbisch nur wiedergeben mit: i bi' gsei', r ist komme', se send gange'. Vielleicht hat der Verlust der eigentlich erzählenden Form mitverschuldet, daß unser mundartliches Schrifttum keinen einzigen wirklichen Erzähler aufweisen kann, etwa im Range eines Fritz Reuter.

Die Möglichkeitsform (der Konjunktiv) aber lebt in alter Frische: i siag (ich würde sagen), r brücht (er bräuchte) usw.; freilich bürgert sich daneben die Umschreibung mit dem Hilfszeitwort tun immer mehr ein. Die für unsere Bauern so typische Art des Erzählens: »mr häbe e' Kuah verkauft«, »mr seie z Stuagert gsei'« ist nur der Form nach konjunktivisch; denn die Sätze sprechen ja eine Wirklichkeit aus. Wer will, kann diesen »Bauernkonjunktiv« für ein Merkmal des übervorsichtigen Gehabens unsrer Bauern nehmen. Bei den normannischen Bauern, habe ich mir sagen lassen, komme er in ähnlicher Weise vor.

Unsere landesübliche Steigerung mit dem vorgesetzten schmückenden Beiwort »sau-« wird auf den ersten Blick befremden. Doch lassen sich damit Grade ausdrücken, die über die Vorstellungskraft des Hochdeutschen weit hinausreichen. Saudumm ist dümmer als am dümmsten, und etwas saumäßig Schönes ein Ausbund an Schönheit. Den umgekehrten, sozusagen homöopathischen Weg geht das manchen Schimpfwörtern vorgesetzte »Halb-«; ein Halbdackel wiegt entschieden schwerer als ein ganzer. Damit ist unser Vorrat an steigernden Beiwörtern freilich noch lange nicht erschöpft. Unserer bereits erwähnten Freude an starken Ausdrücken genügen so schwache Wörtchen wie: viel, mächtig, heftig nicht; wir sagen dafür: jesesmäßig, gottsallmächtig, donderschlächtig, barbarisch, gottsmillionisch, mordsmäßig oder schlechtweg: wüast.

Von dem Verkleinerungs-le war schon die Rede. Wie stark es bisweilen wirkt, dieses niedliche -le, das »alle Dinge näher an sich heranzieht und sie dem Gemüt zu eigen macht« (Weltrich), dafür zwei Beispiele: aus dem groben »Maul« und dem noch gröberen »Gosch« macht es ein »Mäule« und ein »Göschle« und hebt dadurch die beiden Wörter in die Sphäre ganz zarter Beziehungen. Ein »Göschle«, ein »Mäule« oder gar ein »Mäulele« haben nur kleine Kinder und hübsche junge Mädchen.

Im allgemeinen gilt der Satz, daß doppelte Verneinung sich aufhebe. Im Schwäbischen gilt er nur bedingt. König Wilhelm I., der in dem vormärzlichen Verfassungsstreit seine Schwaben kennenlernte, hat einmal gesagt, die ersten zwei Worte, die seine Untertanen zusammen lernten, seien zwei Verneinungen, die niemals eine Bejahung ergäben: noi' ete'! Es ist etwas daran, unsere Zunge bringt fünf Nein leichter heraus als ein Ja. Kein Wunder, daß wir für die Negation fünf verschiedene Ausdrücke haben, von den zahllosen Umschreibungen ganz zu schweigen!

s wär a'fange: Zeit, daß des Kapitel uhfhört, s wird a'hebe' langweilig; i schlôf geh (oder gaoh) ei' debei! So ähnlich wirst du denken, verehrter Schwabenfreund, gelt? Du hast recht, aber die vier sonderbaren Wörtchen, die soeben gefallen sind, sollten wir uns noch ansehen. A'fange', a'hebe', gaoh' und gelt – das waren einmal rechtschaffene Zeitwörter und sind es in anderm Zusammenhang noch. Hier aber sind sie zu reinen Umstandswörtern herabgesunken, wobei sich die Betonung bei a'fange' und a'hebe' auf die zweite Silbe verschoben hat. Wir gebrauchen diese beiden im Sinn von allmählich, es wird Zeit dazu, mitunter auch in der Bedeutung von jetzt erst. In manchen Sätzen läßt sich ihr alter Rang noch erkennen: sottest a'fange' au gscheit weare' (solltest anfangen gescheit zu werden). Das dritte, gaoh', besagt: jetzt dann, sogleich. Es ist also genau dasselbe, wenn ein Franzose sein »ich werde gehen« mit »je vais aller« bildet, wie wenn ein Schwabe sagt: jetz will i gaoh'. Und das vierte, das Zustimmung fordernde gelt, hieß einmal: läßt du's gelten?

Diese Wörter sind also heruntergekommen. Das passiert bei den Menschen auch, bei den Schwaben zwar seltener als bei andern. Denn wenn ihnen der Briefträger klingelt, dann gehen sie nicht runter, sondern »nonter« oder »na«, und nachher wieder

»nuf« und nicht rauf. Es geht auch bei uns kein Mensch in ein Lokal rein, sondern »nei«, und führt er sich darin ungebührlich auf, so fliegt er nicht raus, sondern »naus«. Wie man sieht, wahren wir Schwaben den Standpunkt äußerst konsequent, wenigstens den jeweiligen.

In jedem schwäbischen Haus gibt es eine Bühne. So theaterfreudig, wie man daraus schließen könnte, sind wir aber nicht. Unsere »Behne« dient prosaischeren Zwecken, zum Wäschetrocknen, zum Abstellen alten Gerümpels usw., auf hochdeutsch heißt sie einfach Dachboden. Hier noch ein paar Wörter, die im Schwäbischen eine andere Bedeutung haben: »Most«, anderswo die Bezeichnung für neuen Wein, ist unser Nationalgetränk und wird aus Äpfeln und Birnen gemacht. Das Wörtchen »wirklich« benützen wir im Sinn von gegenwärtig, zur Zeit. Es liege darin eine tiefe Weisheit, hat ein Schwabe bemerkt, nämlich die, daß nur die Gegenwart wirklich sei. »Folgen« ist das, was dem Befehl folgt, also das Gehorchen. »Heben« – damit meinen wir nicht ein Heben von unten nach oben (wofür wir »lupfe'« sagen), sondern halten, festhalten.

Daß die Füße bei den Schwaben bis an die Hüften reichen, ist bekannt, und daß wir mit Äpfel (sprich epfl) nicht nur die Frucht (Einzahl und Mehrzahl gleich) meinen, sondern auch unseren edelsten Körperteil, ist eine Parallele zu der norddeutschen »weichen Birne« – für unsere Schwabenköpfe übrigens ein weitaus wesensgemäßeres Bild.

Das mannhafte Wort tapfer hat unsere Mundart gänzlich seines heroischen Glanzes entkleidet; tapfer ist bei uns so viel wie schnell. Besonders nett klingt es, wenn eine Mutter ihm das immer bereite -le anhängt und ihrem Büble ruft: mach tapferle! oder: tapferle lauf! Ja, man kann sogar »tapfer de'vo'-springe'«.

Ähnlich steht es mit dem Ausdruck »mit Fleiß«. Wenn ein Bub bei uns etwas »mit Fleiß« tut, so kriegt er dafür keinen Lobzettel, sondern den Hintern voll. »Mit Fleiß« heißt nämlich: zum Trotz, zum Possen, es steckt die Absicht dahinter, jemand zu ärgern. Und so hat besagter Bub vielleicht seine Hausaufgabe »mit Fleiß« nicht gemacht.

Ich hoffe, die Langmut meiner Leser sei im Gestrüpp unserer Laut- und Sprachlehre nicht in Fetzen gegangen. Ich habe sie zwar mit Fleiß geschrieben, aber nicht, um jemand »mit Fleiß« zu langweilen.

7. »Gopfersprich!«

Das ist eine Redensart, die man bei uns unter den verschiedensten Formen hören kann, besonders im Gespräch mit älteren Leuten; bei den Jungen kommt sie ab. Bald hört man sie so wie oben (eigentlich:

Gott verspricht), bald als »guatemsprich« oder »gottwohlsprich« oder gar als »kurzemsprich«. Die eigentliche Bedeutung ist dunkel. Die Mundartforscher stimmen nur darin überein, daß aus der heutigen verderbten Form mit Sicherheit sich einzig das Wort »Gott« erkennen lasse.

Eine Mundwasserfabrik machte vor ein paar Jahren in den Zeitungen Reklame für ihr Erzeugnis mit der Frage: »Haben Sie einen reinen Hauch?« Da hörte ich einmal einen Landsmann, der dies las, zu seinem Nachbar sagen: »Gopfersprich, i stenk aus dr Gosch?«

Das ist rauh, macht aber den heutigen Sinn der uralten Redensart völlig klar. Sie dient als Formel der Erklärung: das soll heißen, das will sagen. Da dieses Kapitel von unsern Sprichwörtern und Redensarten handelt, zu deren Wesen es ja gehört, gleichnishaft, gopfersprich durch die Blume zu reden, so trägt es also das sonderbare Wort mit Recht als Überschrift.

Wir besitzen im Schwäbischen einen wahren Schatz solcher Sprachmünzen. Und unser Volk ist nicht kleinlich im Ausgeben, es wirft nur so um damit. Aber trotz dem regen Umlauf verlieren sie nichts von ihrer plastischen Prägung. Ja es scheint, der stete Gebrauch habe sie erst richtig geschliffen und verhindere Mattwerden und Rost.

Geist und Charakter eines Volkes drücken sich

wohl in seinen Sprichwörtern und Redensarten am schärfsten aus. Klar spiegeln sie seine Weisheit, seinen Humor, seine Art, mit den angenehmen und unangenehmen Erscheinungen des Daseins fertig zu werden, wider. Lebenserfahrungen und Erkenntnisse von Generationen liegen in ihnen aufgespeichert.

Die Anschaulichkeit und Schlagfertigkeit der unseren zeugen für die scharfe Beobachtungsgabe und den kritischen Sinn unseres Stammes, nicht weniger aber auch für die formende Kraft unserer Sprache. Viele von ihnen sind eine ganze Rede wert. Nie blutleer und abstrakt, können sie geradezu als Muster der Kunst des rednerischen Gleichnisses gelten. Ihre oft drastischen und derben Vergleiche entnehmen sie der kleinen Welt des täglichen Getriebes, der Arbeit, dem Essen, dem Stall, der Küche, der Tätigkeit der Handwerker. Die Haustiere spielen eine große Rolle. Das Sprichwort macht es wie die Fabel: es schlägt den Sack und meint den Esel.

Oft – und das sind die schwäbischsten – wird mit scheinbarer Naivität ein Gemeinplatz behauptet, hinter dem sich dann plötzlich eine überraschende Pointe auftut. Andere tragen eine Biedermannsmiene zur Schau, sind aber heimlich mit Sprengpulver geladen. Manche erzielen ihre Wirkung durch Übersteigerung oder durch konsequentes Weiterspinnen eines Gedankens bis zu dem Punkt, wo er sich überschlägt. Auch der Wortwitz kommt zu seinem Recht:

Ma' schimpft en Gerber net, wemma'n en schäbige' Ma' hoißt.

Echt schwäbisch sind auch jene, die ein anderes bekanntes Sprichwort als Einleitung benützen, um seinen Sinn im Nachsatz ins Gegenteil zu verkehren. Das allzu Unbedingte widerstrebt unserem zweigleisigen Wesen, wir haben ein Aber gegen Einbahnstraßen, weil sie meist Sackgassen sind. Nicht zufällig lautet eine der meistgebrauchten Redensarten bei uns: So isch nôh au wieder!

Die hier ausgewählten Sprichwörter und Redensarten habe ich den beiden Sammlungen »So sprechen die Schwaben« von A. Birlinger (Berlin 1868) und »Der Volksmund in Schwaben« von August Lämmle (Stuttgart 1924) entnommen. Man glaube aber nicht, weil sie bereits gedruckt und geordnet vorliegen, seien sie Literatur geworden. Sie sind alle noch gang und gäbe, und man kann sie und noch viele andere überall im Ländle hören, von Bauern und Städtern, Handwerkern und Akademikern. Viele sind sicherlich uralt, wie jung sie aber geblieben sind, mögen sie nun selbst beweisen.

Viel gebrauchte Redensarten

Dô möcht ma' grad belle'; dô möcht ma' uf dr Sau naus; dô möcht oim s Füdle' schwätze'; jetz ist dr Katz gstreut; mach mir no de' Gaul et scheu; schwätz mr koi' Loch en Kopf; des ist s Maul für Narre' ghalte'; der schwätzt raus wie e' Ma' ohne Kopf usw.

Von Armen und Reichen

Wer koi Hand' hôt, ka' koi' Faust mache'.
Der hustet reich und speit arm aus.
Eme' Arme' fehlt viel, eme' Geizige' älles.
Descht (das ist) e' Konst, eme' nackete' Ma' en Sack lange'.
Der ist so interessiert, daß er s Stehle' schier et verhebt.
Besser zeah' Neider als oin Mitleider.
Nix han ist e' rübige Sach, bloß zeite'weis arg langweilig.
Der ist so arm, daß dr Bettelsack a' dr Wand verzweiflet.
Ma' hôt bloß z schwemmet und z wattet (zu waten), daß ma' en ehrlicher Ma' bleibt.
Vom Schaffe' wurd ma'n et reich, sust wäret d Taglöhner de reichste Leut.

Von Dummen und Gescheiten

Mit de Domme treibt ma' d Welt om.
Der hôt en Leibschade' onter dr Kapp (= ist ein bißchen dumm).
Wer als Kalb en d Fremde gôht, kommt als Kuah hoim.

Descht (das ist) e' ganz Gscheiter, der keit de' Henne'dreck zum Gätter nei'.

Der ist z domm zom Bettle', der stôht henterschefür (umgekehrt) vor d Häuser na'.

Der siehts dr Kuah am Euter a', was z Paris dr Butter kost.

Ma' ka' vo' me' Ochse' et meh verlange' als e' Stückle Rendfloisch.

Mit eme' Löffel voll Honig fangt ma' meh Mucke' als mit eme' Faß voll Essig.

Der ist so domm als St. Neff (Nepomuk) uf dr Bruck, dem hend d Spatze' ens Füdle gnistet.

Dia Buabe' send grad so wia du: wem-ma' ebbes sait, send se wia d Kuah.

Von Liebe, Ehe und Weibern

Was ma' verheiret, hôt ma' schao' verhauset.

Wer aus Liabe heiret, hôt guate Nächt, aber schlechte Täg.

Vor dr Hoahzich (Hochzeit) sait ma' »Mulle« (Schmeichelwort für Katze), nôchher sait ma' »Katz«.

»D Fremde geit Leut«, hôt sell Mädle gsait, ond ist mit eme' Schubkarre' vol Kender hoimkomme'.

Drei Weiber und drei Gäs' machet en Johrmärkt.

Wenn s Weib et dehoim ist, ist dr Ma' Moister.

Gang mr weg! onser Herrgott ist halt au e' Mannsbild, saget d Weiber.

Von Glück und Unglück

Dr Teufel sch .... bloß uf dungte Äcker.

Wenns Glück regnet, standet mr onter, ond wenns Brei regnet, hemmer koan Löffel.

Der sitzt dô, wia wenn er s Vateronser verspielt hätt.

Dem kälbert dr Sägbock uf dr Behne (Dachboden) (= der hat in allem Glück).

Wer zom Ao'glück gebore' ist, bricht d' Fenger em Hose'sack.

Verschiedenes

Oh, wenn noh älle Leut wäret, wia i sei' sott.

Des hôt ma' noh' nia verhaört, daß s Loch dr Maus nôchsprengt.

Dr Müller stiehlt net; jeder sait zu ehm: nemm s mei' zerst!

s ist koi' Naot am Füdle', solang s Hemmed et brennt.

Ma' hält manchen für fett, ond r ist bloß gschwolle'.

Moister, d Arbet wär fertig, sait dr Laehrbua', soll i se glei flicke'?

Irre' ist menschlich, hot dr Gockeler gsait, mô-n-r uf d Geit (Ente) nufgsesse' ist.

Der lachet bloß em Keller, damit s neamed sieht.

Mô s dr Brauch ist, legt ma' d Kuah ens Bett.

Des spürt ma' glei, wenn oin e' Ochs tritt.

Mit Gwalt ka' ma' en Igel flohe'.

(Zu einem Aufschneider:) Jo freile! dr Herr Vetter ist so guat ond glaubts!

(Oder:) Freile hend d Gäs au Wade' ond d Amoise' Knui (Knie).

Dia leit ens Bett, bis d Katz kräht.

Dia bläht se uf wia drui Oier em Kratte' (Korb).

Dô hôt mei' Vadder gmiggt (gebremst), und dô migg i au, ond wenns de' Berg nufgôht.

Uf em Rôthaus sait ma' Jô, daß täpferer (rascher) gôht.

E' Vadder ka' leichter zeah' Kender verhalte', als zeah' Kender en Vadder.

So, jetz ist dr Tagloh' he', hôt dr Maurer gsait, mô-n-ehm sei' Hammer nagfalle' ist.

Der besseret se wia en alter Sack, drsell hôt äll Tag e' Loch weiter kriagt.

E' verschrockener Ma' ist em Hemmel et sicher.

Wer d Wohret ufgeigt, dem schlait (schlägt) ma' d Geig om de' Kopf.

Wieder et dr reacht! sait der Rottumer Bader beim Zah'ziage'.

Was hao'n i devo', wenn dean dr Teufel holt ond i muaß Fuahrloh' zahle'?

Dei' Gschwätz gôht ge bettle' ond kriagt koi' Almose' (= Dein Geschwätz hat keinen Wert).

»Herr, dein Wille geschehe«, hôt selle Ahne' uf em Taote'bett gsait, »aber mir täts et so pressiere'.«

8. Taschenwörterbuch

Die Welt der reinen Mundart ist klein. Sie beschränkt sich auf das Land und die kleinen Städte. Aber es ist eine ganze, und es ist eine eigene Welt. Der gleichmachenden Flut des technisierten, in Rekorden sich überschlagenden modernen Lebens setzt sie den Damm ihrer Eigenart und sicheren Ruhe entgegen. Der Wechsel der Jahreszeiten, Sonnenschein und Regen, der Tod eines Dorfgenossen und die Ankunft eines neuen Erdenbürgers im Nachbarhaus erregen diese Welt stärker als ein gelungener Nonstop-Flug über 10 000 km oder die Erfindung einer neuen Schwingachse.

Mehr als in den großen Städten, wo jede Generation die Welt von Grund auf neu erschafft, ruht hier das Leben auf den Erfahrungen und Ansichten der Vorfahren. Die Welt der Mundart ist konservativ. Und wie sich ihre Menschen nur zögernd neuen Lebensformen bequemen, so bleibt auch die Sprache selbst spröde gegenüber neuen Wörtern und Begriffen. Von den vielen Ausdrücken und Bildern, um die etwa Technik und Sport das Hochdeutsche bereichert haben, fanden nur wenige Heimatrecht in der Mundart. Die meisten bleiben Fremdkörper und klingen, mundartlich ausgesprochen, peinlich und lächerlich wie ein Saxophon in einer Bauernmusik.

Aber arm ist unser Schwäbisch deshalb nicht. Innerhalb seines ureigentlichen Gebiets ist es ausdrucksstärker und reicher als die Schriftsprache, die hier so gut wie Fremdsprache bleibt, es sein könnte. Dafür ist das »Schwäbische Wörterbuch« von Hermann Fischer ein siebenbändiger Zeuge in Folio.

Ein bißchen Ahnenforschung in ihrem Wortschatz bekräftigt den Ehrentitel unserer Mundart als Wahrerin uralten Sprachguts und als kulturgeschichtlicher Spiegel unseres Stammes.

Markt lautet schwäbisch »Märkt«, gemäß dem lateinischen mercatus, von dem das Wort abstammt. Eine groteske Verwandtschaft besteht zwischen unsrem »Pfetsche'kendle« (Wickelkind) und dem italienischen »Faschismus«: der Urahn beider ist das lateinische fascia, die Binde. Unser »Gsälz«, auf deutsch Marmelade, wird von den Kindern auf dem Vesperbrot wegen seiner Süße geschätzt – obwohl es ursprünglich das Gegenteil, nämlich etwas Gesalzenes, bezeichnet hat.

»Du Tralle, tanz me au!« sagen die Mädchen meiner Heimat zu einem schwerfälligen Burschen, der beim Tanzen abseits steht, denn ein ungehobelter, schwerfälliger Tölpel ist für die Schwaben ein Tralle. Den altskandinavischen Troll oder Kobold, der darin steckt, ahnen sie freilich nicht.

Zwischen dem gesellschaftsfähigen »Hintern« und dem zwar klassischen, aber gar nicht feinen Wort des Götz behauptet unser »Füdle« die goldene Mitte. Es hat sehr weitläufige, wenn auch nicht lauter vornehme Verwandte; der entfernteste lebt irgendwo in Indien und heißt auf Sanskrit puta, der Hinterbacken. Der hochdeutsche »Hundsfott« ist ebenfalls ein Vetter von ihm.

»Heiligs Blechle« oder »schla mi s Blechle« rufen wir, wenn der Anlaß zu einem saftigeren Fluch zu geringfügig ist. Auch in dem bekannten Volkslied »Uf em Wase' graset d Hase' ...« heißt es:

Muater, muaßt mr, schla mi s Blechle,
Türleshose' mache' lao' ...

Dieses heilige Blechle ist einmal ein wirkliches Blechlein gewesen. Im Mittelalter erhielten Arme und Gebrechliche eine Blechmarke, die sie zum Empfang von Almosen aus der Heiligen- oder Kirchenkasse berechtigte. (Der Verwalter dieser Kasse heißt heute noch bei uns der »Heiligenpfleger«.) Um den Mißbrauch der Unterstützung zu verhüten, mußte das Heiligenblechlein sichtbar getragen werden. Von da bis zum Gebrauch als milder Fluch war es nur ein Schritt, besonders wenn das Almosen der Erwartung nicht entsprach.

Die schon bei den Lauten entdeckte enge Verbundenheit des Schwäbischen mit dem Alt- und Mittelhochdeutschen finden wir im Wortschatz wieder.

Wir gebrauchen heute noch Wörter und Wortformen, die schon den oberdeutschen Zeitgenossen Karls des Großen geläufig waren. Bei der Übersetzung ins Schriftdeutsche, das oft nur eine umständliche Umschreibung sein kann, büßen sie ihr typisches Geschmäckle ein. »Bäcker« – nun, das ist eben eine Berufsbezeichnung; das Wort »Beck« aber trägt, wie die Schnecke ihr Haus, eine ganze Umwelt mit sich und die äußeren und inneren Eigenschaften eines schwäbischen Brotherstellers dazu!

Hier ein kleines Taschenwörterbuch. Wie unsere Vorfahren die Wörter vor sechs bis zwölf Jahrhunderten gesprochen haben, steht bei manchen in Klammern dabei:

bhäb = dicht, knapp, auch geizig

Bir (bir) = Birne

Bletz (bletz) = Flicken

blutt = nackt, bloß

bosge' = eine Bosheit = einen Streich verüben

Breisle (brîse) = Kleidersaum, besonders am Halsausschnitt des Hemds

bruttle' (niederländisch: pruttelen) = brummen, murren

dege'mäßig = zahm, unterwürfig, besonders nach vorausgegangenem Krach

ebber, ebbes, ebbnets (aus etewer, etewas, etewa) = jemand, etwas, irgendwo; z. B. Hôt dir ebbnets ebber ebbes tao'?

geal (gel) = gelb
Geit = Ente
Glufe' = Stecknadeln
gnappe' = hinken
Gölt (gelte) = größeres Holzgefäß zum Waschen
gotzig = einzig, aus gott-einzig, also Superlativ des Superlativs »einzig«
s Griß hao' = Chancen haben; junge Mädchen z. B. »haben das Geriß«
gsait (geseit) = gesagt
guatig = hurtig, schnell
Häß (haesse) = Kleidung
hehlinge' = heimlich; uns Schwaben sagt man nach, wir seien »hehlinge' gescheit«
Hemed (hemidi) = Hemd
Jomer (jamer) = Heimweh, Sehnsucht
Kear = Keller
keie' eigentlich: geheien = werfen, schmeißen, ärgern, reuen. Das Wort galt im Mittelalter als eines der übelsten und wurde in anständiger Gesellschaft gemieden. Unser »keie« hat sein Vorleben aber ganz vergessen
Knui (kniu) = Knie
knütz eigentlich: kein-nütze = weniger dumm, als man aussieht, es in sich haben, schlau
Kratte' (cratto, kratte) = Korb
Kuche, Mehrzahl Kuchene' (kuchina) = Küche
Lette'gschwätz = dummes, inhaltloses Gerede

letz (lezzi, letze) = verkehrt, falsch, übel
loschore' = aushorchen, ausspionieren
lose' oder losne' (hlosen) = lauschen, horchen
Luse hao' = freie Zeit, Muße haben, besonders unbeaufsichtigte Freiheit
Miste, Mehrzahl Mistene' (mistina) = Düngerhaufen
Mögetse (mögen sich) spöttisch = Liebe
Môs, Môse (mâsa, mâse) = Flecken
musber = munter, wohlauf, rüstig, besonders von alten Leuten
neaneds = nirgends
neits, nenz, ninz, noits, nonz, nuits, nix, nex = örtlich verschiedene Formen von »nichts«
pfupfere' = gespannt, erwartungsvoll erregt sein
pratzle' (prasteln) = prasseln, besonders von Regen und Hagel und vom dichten Fallen des Obstes
Ranze' (rans) = Bauch, Wanst, auch Buckel
räß (raeze) = scharf, beißend, sauer, besonders vom Wein
Ruf, Rufe' (ruf) = Schorf, Grind
schiake' (schiec) = schiefgehen, die Absätze krumm treten
schlotze' = etwas im Munde zergehen lassen, z. B. ein Stück Zucker
Tôpe' (tâpe) = Pfoten, Hände
toa' (tuon) = tun
vollzger = vollends

wölle' = wollen
Zaine' (gotisch tainjo) = Waschkorb

Auffallend sind die vielen französischen Wörter im Schwäbischen. Die Nachbarschaft Frankreichs, die zahllosen Durchzüge französischer Heere, der Strom der Emigranten in der Großen Revolution, später unter Napoleon die Rheinbundzeit – alles das hat sprachliche Spuren hinterlassen. Niemand aber empfindet diese Reste als Fremdkörper. Sie sprechen sich aus und hören sich an wie gutes Schwäbisch.

Einem Landsmann aus Reutlingen, der eine Ferienreise nach Paris unternommen hatte, war in einem Restaurant die Suppe zu »leis«, zu wenig gesalzen. Also wandte er sich in seinem besten Französisch und mit einer deutenden Geste an seinen Tischnachbar: »Dü sel, Mossieh!« Der schaute auf, musterte die umsitzenden Damen und fragte zurück: »De wel?« – Er war nämlich aus Tübingen.

Zweifellos hat die nasale Verwandtschaft des Französischen den Eindringlingen den Weg geebnet. Bei einzelnen hat sich die Bedeutung verschoben, andere sind so völlig verschwäbelt, daß ihnen keiner mehr ihre Abkunft ansieht. Ein paar Beispiele:

allo' (allons) auf, los!
a'hoh (en haut) obenauf sein: Jetz hôt r Geld, jetz ist er a'hoh

bartuh (partout) durchaus, mit aller Gewalt
für bassle'ta' (passe-le-temps) zum Zeitvertreib
Deez (tête) leicht herabsetzend: Kopf
dusma' (doucement) niedergeschlagen, gedrückt
Mallöre (malheur) spöttisch: Pechvogel
Ragall (racaille) Schimpfwort: böses Weib
schaluh (jaloux) aufgeregt, durcheinander: Du machst mi ganz schaluh
schasse' oder schassge' (chasser) fort-, wegjagen
Schwitieh (von suite) Luftibus, Windbeutel, grenzt nahe an Hochstapler
schwitisiere' = herumstrolchen, nichts arbeiten und großartig auftreten
Waschlafor (lavoir) doppelt genäht, da lavoir allein schon Waschbecken heißt
wif (vif) aufgeweckt, hell.

Die Schwaben gelten gemeinhin als grob und als Meister in der Kunst, zu schimpfen. Es scheint etwas dran zu sein. Jedenfalls spricht die unabsehbare Reihe unserer Schimpfwörter nicht dagegen. Ich setze hier einige, das männliche Geschlecht betreffende her – nur die milden, versteht sich:

Bachel, Balla, Botzel, Bräagler, Dackel, Denger, Dengeler, Dippel, Dilledapp, Drallewatsch, Drôdler, Galle, Gispel, Glufe'michel, Gschwölle, Guatedel, Igel, Klammhôk, Klob, Kog, Kopper, Kratte'macher, Lahmarsch, Lattenaze, Loimsiader, Lôle, Luge'beutel, Narre'bartle, Rambas, Salbaderer, Schere'schleifer, Schlamper, Sempel, Sparre'fantl, Tralle, Trialer, Vivatslomp, Waehtag, Waehtriab, Zipfel ... Viele davon lassen sich durch ein geeignetes Beiwort ins Quadrat und sogar in die dritte und vierte Potenz erheben. Zum Beispiel gibt es Heu-, Schmalz-, Sau-, Halb-, Gra'-, Jeses-, Granate'- und Allmachtsdackel.

Die stattliche Anzahl unserer Benennungen für das menschliche Haupt kann man ebenfalls als Ausfluß unserer wortschöpferischen Phantasie oder auch unserer Grobheit nehmen – wie man will. Je nachdem, ob mehr die äußere Form »getroffen« oder der geistige Gehalt geschätzt werden soll, unterscheiden wir: Äpfel, Deez, Grind, Kirbs, Möckel, Riebel, ferner Dickköpf, Hommelersköpf, Molleköpf, Mostköpf, Mucheleskö pf, Semmereskö pf, Riebeleskö pf, Wasserriebeleskö pf und Sauriebeleskö pf.

Ein Vater ging mit seinem Büble zum Baden. Wie sie nun so im Wasser plätscherten, fragt der Vater: »Hast de scho' taucht, Büble?« Das brave Kind verstand natürlich diese gewählte Sprache nicht und antwortete mit der landesüblichen Gegenfrage: »Ha'?« Darauf der Vater verständlicher: »Ob de' dein dreckete' Sauriebeleskopf schao' onters Wasser natonkt häbest?«

Auch die andern Körperteile böten dankbare Objekte, unsern Reichtum an Synonymen auszubreiten. Aber wir schreiben ja kein Lehrbuch der schwäbischen Anatomie. So sei nur noch das wortgewaltige Werkzeug, dem sie alle entfliehen, erwähnt, der Mund! Neutral, gewissermaßen in der Grundstellung, heißt er schlichtweg: das Maul. Auf seine physische Gestalt abgesehen haben es: Lafeht, Lätsch, Lubbl, Schublad, Reff und Zah'reff, und bei kleinen Kindern: s Pfänndle. Bei der Aufforderung, zu schweigen oder als Ziel einer angekündigten gewaltsamen Schließung nennt man es: Gosch, Lapp, Rüassel, Schnauz. Hingegen wird es, soll mehr seine unheilstiftende Tätigkeit bezeichnet werden, zur Raffel, Rätsch, Schnärre, Dreckschleuder, zur baöse', zur ao'gschliffene, zur ao'gwäschene, zur Malefiz- oder zur Schwertgosch.

Wer wagt jetzt noch zu behaupten, unsere Mundart sei arm? Erleidet doch selbst meine eigene Behauptung von der Maulfaulheit meiner Landsleute angesichts solcher Überfülle einen schweren Stoß! Andererseits: beweist die lange Liste herabsetzender und verächtlicher Ausdrücke für das worterzeugende Instrument nicht gerade eine stille Hochachtung vor dem Schweigen?

9. *Ha no'!*

In den Indianergeschichten hat es mir immer saumäßig gefallen, wenn der Häuptling »Schwarze Krähe« auf eine wohlgesetzte und dauerhafte Rede des Bleichgesichts nur ein einziges Wort erwiderte:

Hugh! Sein stolzes Antlitz verfinsterte sich dabei oder hellte sich auf – je nachdem, »Schwarze Krähe« tat dabei einen tiefen Zug aus der Friedenspfeife oder griff nach dem Tomahawk oder spuckte nur verächtlich ins Lagerfeuer – je nachdem. Der erfahrene Westmann verstand dieses Hugh und wußte, woran er war, aber das Greenhorn verstand es nicht und büßte seine Unkenntnis der indianischen Seele am Marterpfahl.

Was Winnetou kann, können wir Schwaben auch. Hugh sagen wir zwar nicht oder nur, wenn wir den »Gluzger«, den Schlucken, haben; aber ähnlich kurz angebundene, vielseitige und vieldeutige Wörtchen haben wir massenhaft. Um dich, geschätztes Greenhorn, das du in unsere Jagdgründe eindringen willst, vor dem Marterpfahl der Mißverständnisse zu bewahren, bitte ich dich, auf solche Sprachsplitter scharf zu achten.

Da ist zum Beispiel unser »Ha no'«. Wir wollen es kunstgerecht anschleichen!

Angenommen, du stößt im Wigwam einer schwäbischen Squaw aus Versehen eine Kaffeetasse um und ergehst dich darob in tausend Entschuldigungen. Wie wird die Gastgeberin deinen Redestrom hemmen? Mit einem beschwichtigenden »Ha no' . . .« Das heißt in diesem Falle: So schlimm ist das nicht, lassen Sie's gut sein, verehrtes Bleichgesicht.

Zweiter Fall. Das Kaffeewasser will nicht zum

Kochen kommen. Da erhebt sich die Squaw mit einem ärgerlich-erstaunten »Ha no'?« Hier besagt es: Jetzt habe ich so ein schönes Feuer unterm Topf, warum kocht's denn nicht?

Dritter Fall. Das Gespräch ist im Gange; man kommt, unvermeidlicherweise, auf abwesende Bekannte zu sprechen. Eine aus dem Nachbarwigwam hat es der Hausfrau besonders angetan. Du tust erstaunt, du habest nicht gewußt, daß das so eine sei. Darauf die Hausfrau bestätigend und bekräftigend: »Ha no' . . .!« Soll heißen: Das ist doch stadtbekannt, das pfeifen ja die Spatzen von den Dächern, und überhaupt ist es kein Wunder, wenn man so wie die . . .

Vierter Fall. Ein Tischgenosse weiß noch ganz andere Dinge über die Betreffende, schauderhafte Einzelheiten, die selbst der Hausfrau über die Hutschnur gehn. »Ha no'!« sagt sie, und diesmal klingt es als offener Zweifel: Davon glaub' ich nicht die Hälfte, man kann alles auch übertreiben!

Fünfter Fall. Der »Beck« hat den Kuchen verbrannt, er ist zäh wie Leder geworden. Verwundert und gefaßt zugleich flüchtet sich die Urheberin des verbrannten Kunstwerks in ein resigniertes »Ha no'«. Hörst du, wie es klagt: Jetzt müßt ihr ihn halt essen wie er ist, in Gottes Namen.

Sechster Fall. Dem Gatten passiert dasselbe Mißgeschick wie dir, nur wirft er gleich die ganze Kaffeekanne um. Jetzt mußt du sein zornbebendes Weib ansehen! Ihre Blicke sind Dolche, und der Schlachtruf der Apachen kann kaum drohender klingen als ihr zweimal hintereinander ausgestoßenes »Ha no'! Ha no'!« Das ist helle Empörung, schärfster Protest.

Dieses »Ha no'« ist ein Chamäleon. Es wechselt die Farbe ganz nach Bedarf. Eine einzige Taste nur und doch eine ganze Tonleiter, von der Vox coelestis bis zum Grollen des Donners, vom Nitschewo des Russen bis zum gesächselten »Nu ähm«! Hier freilich, auf dem Papier, klingt es einmal wie das andere, und ich müßte eigentlich Notenbeispiele beigeben, um die verschiedenen Bedeutungen zu markieren.

Die anschaulichste Geschichte zum Thema »Ha no'« hat mir eine Heilbronnerin erzählt: In einer Abendgesellschaft saß neben der Haustochter ein junger Mann, der es nicht lassen konnte, immer wieder einen Blick in den Busenausschnitt seiner hübschen Nachbarin zu werfen, bis diese es merkte und ihn mit einem »Ha no'« zurechtwies. Worauf der junge Mann, entweder ein geborener Phlegmatiker oder ein von seinen Entdeckungen Enttäuschter, erwiderte: »Ha no' . . .«, denn, wie gesagt, im Ton liegt's.

Drum herum gruppieren sich Dutzende ähnlicher Lieblingswörtchen. Solche, die dem Satz vorangestellt oder angehängt werden; dann verleihen sie ihm besonderen Nachdruck. Andere stehen für sich und ersparen uns eine ganze Rede.

Manche der ersten Art wirken wie musikalische Vorzeichen. Der Feinhörige erkennt daran, ob Dur oder Moll gespielt wird. Sätze, die mit einem O beginnen, gehen in Moll. Besonders höfliche Bitten fangen bei uns alle so an: O, sind Se au so guat und machet Se Platz! – O, könnet Se mir net sage', wieviel Uhr daß ist? Was mit Ha beginnt, ist dagegen stets Dur, sozusagen Ha-Dur: Ha, des muaßt du doch wisse'! – Ha, moint denn der, mir seie hentrem Mond dehoim?

Nicht selten muß dieses Ha uns Schwaben, denen das Schwätzen nicht so leicht fällt, auch als Anlauf, als »Abah'«, dienen: Ha, i käm scho', wenn i Zeit hätt. – Ha, i glaub, s Wetter macht sich.

Es braucht sich niemand beleidigt zu fühlen, wenn er bei uns mit Narr angeredet wird. Dieses narr will ihm nur etwas erklären oder ihn überzeugen: Narr, des ist en alte Muck. – Narr, dr Teufel ist en Eichhörnle. – De Reiche müasset au sterbe', narr! Zum Ausgleich reden wir ein andres Mal unser Gegenüber – und wenn's eine Frau wäre – mit »Herr« an. Dann nämlich, wenn wir die Quantität oder Qualität einer Sache unterstreichen wollen: Herr, hôt dear Boom Äpfel! – Herr, ist des e' schö's Mädle!

An jener andern Sorte, die uns der Notwendigkeit, viel zu reden, enthebt, müssen wir bei dem bereits betonten Hang zur Bequemlichkeit besonders reich sein. Und das sind wir auch. Aus lauter Angst, sich zu verrenken, ist unser Maulwerk sprachschöpferisch geworden. Man höre und staune, was für beträchtliche Wortersparnisse wir mit den folgenden Ausdrücken erzielen! (Leider gehen sie oft auf Kosten der Höflichkeit.)

a'ha'! du kommst mir geradc recht! Oder: das hat mir noch gefehlt!

außem! warnender Zuruf, »aus dem« Weg zu gehen.

babbela sagt man zu Kindern, wenn ausgegessen und nichts mehr da ist.

bacht! drohende Warnung: Obacht, wenn ich dazwischen fahre!

eijô Zustimmung auf eine verneinende Frage: Kommst et? – Eijô. Häufig ironisch gebraucht als Antwort auf eine Zumutung: Könntest mr au helfe'! – Eijô! = ja, wenn ich wollte. Synonyme für diesen Fall sind: jô Mulle! jô Dreckle!

ha wa? ist denn das möglich? kann denn so was sein?

ha'? wie, bitte? Auch im Sinn des berlinischen »ja?« am Ende einer Frage: Gôhst mit, ha'?

he! Hallo!

heidenei'! oder hai! Donnerwetter, das ist ja ganz erstaunlich!

hoi! Sie, passen Sie auf! Manchmal auch: Verzeihung!

hopla! Entschuldigen Sie vielmals, daß ich Ihnen auf die Hühneraugen getreten bin!

hôtte'! (hat ihn) jetzt ist's gegangen, jetzt hat's geklappt.

no'! Wie kommen Sie mir denn vor? Können Sie nicht achtgeben?

o letz! o weh, das geht schief, jetzt ist's gefehlt!

o wa! Ausdruck des Mißvergnügens: das paßt mir schon gar nicht; das ist aber schade.

sodele bestätigt die angenehme Beendigung einer Tätigkeit.

ui jeses! oder o jes! (o Jesus) drückt Verwunderung aus: ui jeses, e' Neger! Oder Mitleid, vermischt mit einem Gran Spott: o jes, ist des en Armetei!

z wird nicht wie das gewöhnliche Zet ausgestoßen, sondern nach rückwärts gezogen und meist zwei- bis dreimal wiederholt. Es ist weniger als ein Wort und doch viel mehr! Es umfaßt eine ganze Gefühlsgruppe, von peinlicher Überraschung bis zu offener Mißbilligung.

Nach alldem wird es niemand wundern, daß unter unsern Bauern der Gruß kurz und bündig lautet: »So?« Und wenn schon viel gesprochen sein muß: »Au scho'?«

Ein ebenso weitverbreiteter wie dummer Kalauer heißt: Was ist »pensch«? Und die Antwort: Das Mittelstück von Lampenschirm. Daran mußte ich denken, als ein Bekannter mir erzählte, was für einen sonderbaren Gruß er in einem schwäbischen Dorf vernommen habe. Die Leute dort hätten einander alle ein fragendes »trau?« zugerufen. Erst nach längerer Überlegung sei er hinter den Sinn dieses mysteriösen »trau« gekommen. Es sei nichts anderes als das Mittelstück einer Frage, die je nach den Umständen verschieden laute: Holet r au Grombire' (Grundbirnen, Kartoffeln)? Oder: Tent r au Gülle' (Jauche) führe'? Oder Machet r au Feierôbed? Da der Rhythmus der ländlichen Arbeiten ziemlich einheitlich ist bei allen, und da unsere Zeitwörter in der zweiten Person der Mehrzahl auf t oder et endigen, so paßt dieses ». . . t (ih)r au . . .?« tatsächlich für jede Tätigkeit und als Gruß für jede Tages- und Nachtzeit.

Mein Gewährsmann hat mir das Ort (jawohl, das Ort) dieser selbst bei uns Schwaben einzig dastehenden Abkürzung genannt. Es liegt im Gäu und heißt Tailfingen.

Zweifelsüchtige mögen den Ort (jawohl, der Ort, im Sinn von die Stelle) aufsuchen und die Sache nachprüfen. Ich glaub's aufs Wort. Aber: Trau', schau wem!

10. »*Klassiker*«

»Und älles singt und dudlet
und sumset früh und spôt,
s oi' leiret, s ander hudlet,
wias halt am beste' gôht.«
Weitzmann

Wer schwäbisch spricht, wo und wie man es spricht, wissen wir nun. Es wäre ein Wunder, wenn unser so sangesfroher Stamm sich seiner Mundart nicht auch für die Dichtung bemächtigt hätte. Man kann in jeder Sprache dichten, also auch schwäbisch. Nur können muß man es.

Dem Ansehen der hochdeutschen Literatur schadet es bekanntlich nichts, daß es immer wieder Leute gibt, die es tun, auch wenn sie's nicht können. Bei der mundartlichen Dichtung aber ist das ganz anders. Sie ist ein bißchen das Stiefkind der Literatur. Nun ja, man läßt sie eben gelten, weil sie einmal da ist oder, noch schlimmer, weil sie zu Zeiten Mode ist. Woher diese Abneigung? Weniger die Mundart ist daran schuld als die Mundartdichter. Allzu viele meinen, man brauche eine Anekdote, einen Witz nur in mundartlich gefärbte Reime zu bringen, so werde ein Mundartgedicht daraus. Das ist natürlich schlimm. Aber schlimmer noch ist, daß sonst ziemlich vorurteilslose Menschen ihre solchen Reimern gegenüber berechtigte Abneigung die ganze Richtung büßen lassen und der Mundart die Eignung als künstlerisches Mittel zu dienen in Bausch und Bogen absprechen.

Gewiß, das Letzte und Größte wird sich im Dialekt kaum ausdrücken lassen. Wer aber als Dichter innerhalb der begrenzten Welt der Mundart bleibt und nichts anderes als nur sie und ihre Menschen gestaltet, ihre Gedanken und Empfindungen, ihr Tun und Treiben, ihre Freuden und Sorgen mit dem Mittel ihrer eigenen Sprache darstellt, der hat vor dem Schriftdeutschen auf diesem Feld sicherlich den Vorzug größter Lebensnähe und unmittelbarer Wirkung. Die Welt braucht für ihn deshalb nicht am nächsten Kirchturm aufzuhören. Dazu ist freilich nötig, daß man ein Dichter sei, und daß man diese Welt kenne und ihre Sprache beherrsche.

Und hier liegt der Hase im Pfeffer. Wer Mundart spricht, schreibt nicht, und wer sie schreibt, schwebt in steter Gefahr, seine eigene Welt in die Welt der Mundart hinein zu projizieren, diese also durch fremde Begriffe, Anschauungen und Empfindungen zu verfälschen. Was auf diese Weise entsteht, gleicht oft einem Sommerfrischen-Berliner mit Gamsbart und Lederhosen – nur ist es nicht so lustig. »Von Gebildeten werden massenhaft Dialektformen konstruiert, die nach falscher Analogie gebildet sind und in der Mundart gar nicht existieren« (Hermann Fischer). Das Beklagenswerte an der Sache bleibt, daß solche Pseudo-Mundartdichtung den Geschmack verderbt und infolge ihrer – anschauungsmäßig und sprachlich – leichteren Zugänglichkeit weit bekannter ist als die sprödere und seltenere echte.

Man hat unser Schwäbisch schon im 16. Jahrhundert als Kunstmittel verwendet, allerdings mußte es sich lange mit einer dienenden Rolle begnügen. Man gebrauchte es, um Bauern zu charakterisieren oder um durch den Mund von Bauern satirisch zu wirken. Erst in der Mitte des 18. Jahrhunderts erhob es sich aus dieser Aschenbrödelstellung und machte sich selbständig. Und sogleich entfaltete es auch seine ganze Kraft und Pracht. Ein Dichter war darüber gekommen: der Prämonstratensermönch Sebastian Sailer. Mit vollem Recht trägt er den Ehrentitel des »Vaters der schwäbischen Mundartdichtung«. Seine biblischen und weltlichen Komödien sind heute noch unerreicht in der Unbefangenheit ihres Humors, in ihrer Sprachkraft und Kenntnis der Oberschwaben.

Nun das Eis gebrochen, trieb der junge Baum Schößling um Schößling, Trieb um Trieb. Neben den Oberschwaben Sailer, Weitzmann und Buck wäre der Alt-Württemberger Gottlieb Friedrich Wagner (1774–1839), Schultheiß und Schulmeister von Maichingen bei Böblingen, zu nennen; seine Stücke sind bis heute die besten realistischen Bauernkomödien unserer Mundart geblieben. Da wäre weiter Johannes Nefflen (1789–1858), den die Unruhe seines Lebens 1849 über das große Wasser verschlug;

in seinem Hauptwerk »Der Vetter aus Schwaben«, welcher Titel auf ihn selbst übergegangen ist, verwendete er, nicht immer ganz stubenrein, die Mundart als Satiriker und Pamphletist.

Nachstehend sollen drei unserer »Klassiker« mit Proben zu Wort kommen.

Sebastian Sailer (1714–1777)

Dr. Owlglaß, sein oberschwäbischer Landsmann, hat »Die biblischen und weltlichen Komödien des hochwürdigen Herrn Sebastian Sailer, weiland Kapitulars im Kloster zu Obermarchthal« in einer prachtvollen, der schönen Sache wahrhaft würdigen Ausgabe neu ans Licht gebracht. Wer oberschwäbische Menschen und Verhältnisse nicht kennt, wird darüber staunen, daß ein katholischer Priester und Seelsorger himmlische und biblische Gestalten, ja Gott Vater selbst, in unbekümmerter burlesk-phantastischer Art zu oberschwäbischen Bauern macht. Und dies, ohne der Würde der himmlischen Heerscharen noch seiner eigenen etwas zu vergeben. »Im Wesen des katholischen Priestertums ist es begründet«, sagt Hermann Fischer, »daß dem Geistlichen außerhalb der Kirchenwände und der Amtsverrichtung die größte Annäherung an die Denk- und Empfindungsweise des Bauern, die lauteste Lustigkeit und ausgelassenste Derbheit sein Ansehen nicht beeinträchtigt«. Nur einem wahrhaft kindlich-frommen Gemüt, dem auch das Lachen Gottesdienst und der Humor die dankenswerteste aller Himmelsgaben ist, und nur einer tiefen Liebe zu Heimat und Volk konnte es gelingen, den Garten Eden zwischen Blaubeuren und Biberach zu verlegen und die Erzengel zu schwäbischen Dorfbütteln zu machen. Und wie es gelang! In diesen drolligen, kecken, witzigen, derben, phantastischen und doch so realistischen Stücken ist eine nicht geringe gestaltende Kraft am Werk, zu der sich verständnisvolle Kenntnis der bäuerlichen Umwelt und schlagfertiger barocker Mutterwitz gesellen. Man muß schon ein arger Puritaner, ein hausbackener Geselle sein, um über der Unbefangenheit des sprachlichen Ausdrucks – die übrigens immer am Platze ist – die köstliche Frische einer unverbogenen, humorvollen, grundgütigen Natur zu vergessen.

Das folgende Stück ist der »Schöpfung« entnommen, und zwar nach der Ausgabe von Dr. Owlglaß (Verlag Albert Langen, München). Die »Schöpfung« gehört zu den Meisterwerken Sailers, um deretwillen ihn der mehrfach genannte Tübinger Germanist in die Nähe des Aristophanes rückt. »Es finden sich gerade genug Stellen, welche des alten Attikers vollkommen würdig sind«, sagt Hermann Fischer über das Singspiel »Die Schöpfung«, aus dem ich den Anfang des ersten Aufzugs zitiere.

Gott Vater

Nuits ist nuits und wead nuits weare'
drum hao'n i wölle e' Wealt gebäare',
grad um dui Zeit,
wos nimme viel schneit
und bessere Lüftle' geit.
I bi 'schao' längst mit dem Wease'n umgange',
do denk i endli, will's gaoh' nu' im Früahling a'fange
wenn d Lerche' singet und kummet dia Schwalme',
wenn der Schnai vergôht und blühet die Palme'.
Nôhdeam i gschlôfe' wenig Nächt,
hao'n i dächt:
Jetz will i gaoh' dra', weils an mer ist,
im Name' des gekreuzigte' Hearre' Jese' Christ.
I ka's wohl sage',
i hao' schao' gar oft de' Kolender ufgschlage'
und gucket, wenns Zoiche' am beste',
in was für me' Maonet, in was für e' Zeit;
und endli der hoilig Goist des mir ei'geit:
Im Früahling gang dra',
im Früahling fang a';
dô ka'st se hearstelle' mit wenige Köste'.

— —

So ists derbei bliebe', und eabe' im Meeze',
daß is reacht sag:
am fai'fazwanzgeste' Tag,
hao'n i a'zunde' Sonn, Mao', Planeite'
und älle himmlische Keeze'.

Fai'f Täg dernôh, aest huir,
hao'n i verschaffe' Holz, Stoi', Metall,
Luft, Wasser, E'rd' und Fuir.
Beim Sappermeant!
Siebe' wonderschöane Elameant!
Ällerloi Tier mit Flügel und Füaße'
hao't mer ussam stockfai'stere Nuits raus müasse'.
Und des älls, bei meiner Trui!
in oim Otem, in oim Hui.
Gschwind
wia der Wind,
hutig und schneall,
i vo' mer seall!

Arie

Aohne Hammer, aohne Schlegel,
aohne Breatter, aohne Nägel,
aohne Schaufel, aohne Kelle',
aohne Buabe', aohne Gselle'
aohne Schiefer, aohne Stoi',
i sealber alloi'.
Aohne Ziagel, aohne Platte',
aohne Sparre', aohne Latte',
aohne Kalch und aohne Möatel,
freili mit ganz bsondere Vöatel;
aohne Hobel, aohne Säage'
hao'n i älles brôcht so zweage'.
Aohne Feile', aohne Zange',

aohne Raötel, aohne Stange',
aohne Zirkel, aohne Schnüare',
aohne Riß und aoh' Probiere',
    aohne Richtscheit und Lingier
    ists grôte' glei mir.
Aohne Foahre', aohne Tanne',
aohne Tiegel, aohne Pfanne',
aohne Klammer, aohne Winde',
aohne Näbber hao'n is kinnde'.
    Aohne Mensche', aohne Goister
    bin i seall der Zimmermoister.
Es seah' mers zwôr Niemed a',
weil i schao' so en alter Ma';
und denischt ist e' gotzigs Woat, des i lateinisch gsait,
des i noh as Bua in der Schual hao' ghaöt,
mei' oi'ziger Handwerkszuig gwea':
FIAT! es soll gescheah'!

Karl Borromäus Weitzmann (1767–1828)

Wieder ein Oberschwabe! Diesmal aus Munderkingen an der Donau, das nur einen Katzensprung von Sailers Kloster Obermarchthal liegt. An Weitzmann, dem Sohn eines nach Munderkingen verschlagenen preußischen Regimentsarztes und einer schwäbischen Mutter, hat sich die Assimilationskraft des Schwäbischen besonders stark erwiesen.

Er hatte in Wien studiert und lebte als Beamter,

später als Rechtsanwalt in Ehingen an der Donau. Die Nachbarschaft zu Sailer ist nicht nur eine geographische, sie äußert sich im Geistigen als Verwandtschaft, wenngleich Weitzmann viel derber, boshafter und spitziger, mit einem Wort: räßer ist als sein Vorbild. Als Satiriker übertrifft er den jovialen Pfarrherrn an Schärfe und beißendem Witz um ebensoviel, als er von dessen frommer Lustigkeit verliert. Es wird bei Weitzmann verschiedentlich starker Tobak geraucht. Ein penetrantes Rüchlein von Aufklärertum und Rebellion weht durch seine Schriften.

Zu seinen besten Schöpfungen gehören das Singspiel »Die schwäbischen Heiligen Drei Könige« und »Das Weltgericht oder Der schwäbische Jupiter in seinem Grimme, eine tragikomische Bauernoper«. Es ist dies ein gesalzenes und gepfeffertes Gegenstück zur Sailerschen »Schöpfung« und als Satire auf den König Friedrich von Württemberg gemünzt.

Aus der Komödie »Das Weltgericht oder Der schwäbische Jupiter in seinem Grimme« der Anfang des II. Aufzugs

Eine Gegend mit Städten, Dörfern und Meierhöfen bedeckt. Das Firmament ist rabenschwarz. Es blitzt und donnert unter unaufhörlichen Wolkenbrüchen. Jupiter mit einem Schnauzbart von Stiefelwichse flucht ungarisch und walachisch zwischen den Gewitterwolken heraus. Die Genien und Götter recken hie und da die Köpfe hervor, schneiden Fratzengesichter und schmeißen Planeten und Fixsterne herab. Aus dem Hintergrunde schreitet der Tod mit der Gemeindetrommel hervor, schlägt den Zapfenstreich und singt dazu:

Tod

Staoh't auf, staoh't auf, ihr faule Schwänz!
Ihr Beattelleut und Exallenz!
Vergeasset Haut und Knoche' it
und neahmet uire Sünde' mit!
Brr dumdumdum, brr dumdumdum.

Denn euser Ärgster sitzt beim Gricht
und hôt de' Schnauzbart scho' em Gsicht.
Er hôt en Türke'säbel a'
und d Wôg vom Metzger Bastia'.
Brr dumdumdum, brr dumdumdum.

Und dear si zua de Schôf bekennt,
deam wead sei' Nam ufs Hiare' brennt;
und dear si num schlait zua de Böck,
dean zoichnet ma' mit Tuifelsdreck.
Brr dumdumdum, brr dumdumdum.

Aus den Gräbern steigen die Toten, darunter der Philosoph Tlantlaquacapatli, mit dem Jupiter und seine Gerichtsherren nun ein Verhör beginnen.

. . . .

Jupiter

. . . Dear Kerle kommt usseme' glaehrte' Revier,
des gôht Ui a', Minos, schwätzet Ihr!

Minos

Unde? Cujus generis? Wer bist?

Tlantlaquacapatli

E' reachtmäßiger Stuifbruader vom Antichrist.
Glaube' tua-r-i, was mer gfällt,
und freasse' und saufe', was mi zsäme'hält;
daß s Ochse'floisch besser ist as vome' Stier,
und s Ulmer Bier stärker as s Riedlinger Bier.
Und weage' dr Ewigkoit wachset mr au koine Hoare' –
so bin i noh und noh e' Philesoph woare'.

Arie

Philesophe'! Groaße Goister!
Schlange'fanger, Hexe'moister!
Mi alloi', mi gucket a'!
In dr Wealt rum bin i komme',
älle Schuale' hao'n i gnomme',
i ka' älls, mô Neamed ka'!
. . . .
Oft hao'n i dia Wealt verlachet,
denn i hätt se besser gmachet,
I, bigott, i wär dr Ma'!
Und was ist denn s Menscheleabe'?

D Sail dui fährt em Ao'sel eabe'
obe' naus und niene' na'.

Jupiter
So, Männdle, so! Des ist de ällernuist Philesophie?
Was soll i jetz a'fange' mit deam haohgstudierte' Vieh?
Brauche' ka'n i dea' Narre' it im Himmel,
und d Höll tät r mer aufwiegle', dear Lümmel.

Minos
I laß dea' Kerle an e' Kettam in dr Vorhöll schwoiße'
und tua sie »es philesophisch Narre'stüble« hoiße'
Ihr bringet noh viel so haohgstudierte Lumpe' zsäme',
dot sollet se si, so lang se leabet, z Taod schäme'!

Rhadamanthys
Nôh will i reacht mit Fließpapier und Oierschale'
ei'fuire' lao',
nôh wearet dia Kerle äls roßkäaferfarb und
monkelesbrau'.

Tlantlaquacapatli
Was isch? Was geits? Was hao't ihr für Posse'?
Sind ihr mit dr Pelzkappe' ufs Hiare' geschosse'?
Stampfet und zablet und geiferet wia ihr weant,
es ka' mi koi' Esel verurtle', wia ihr oiner seand.

Alle Gerichtskollegen

schreien

Er ist e' Gottesleugner, e' Majestätsverbreacher!
Geant em ois nuf uf sein Lästerbeacher.

. . . .

Jupiter bekommt vor Ärger den Hundskrampf; Tlantlaquacapatli, von den Furien gegeißelt, wird vom Teufel mit Rippenstößen hinter die Szene getrieben.

Jupiter

Dia verfluachte Philesophe' könnet oim aber hoiß mache',
jetz will em aber gaoh Pastetle' vo' Igelhäut bache'.

Minos

Nu', nu', machet koi' so e' Heuleitergsicht,
es staoh't noh maeh Leut dusse' voarem Gricht.

Mehrere Gerichtsherren

Machet, machet, s hôt scho' Druiviatel uf Zwölfe' gschlage',
ma' weat eus d Dampfnudle' it in d Kanzlei rei' trage'!

Jupiter

Silentium! Platz gnomme'!
Und sobald i pfeif, lao't de' Sequens komme'.

Nimmt eine Prise Spaniol und pfeift.

»Klassiker«

Michel Buck (1832–1888)

Die Lyrik, sagt einer der besten Kenner unserer Mundart, sei die Achillesferse der Dialektdichtung. Wenn in der erzählenden und dramatischen Schilderung die Mundart zur Charakterisierung fremder Personen verwendet werde, so sei es in der Lyrik der Verfasser selbst, der rede; und wenn er sich auch an die Stelle eines andern versetze, so sei die Grenze, wo eigene Empfindung aufhört und fremde anfängt, sehr schwer zu bestimmen. Als Probe auf diesen Satz weist er darauf hin, »daß es gerade in der schwäbischen Lyrik von Verstößen gegen die elementare Richtigkeit des Dialekts in Laut, Formen und Wortschatz wimmelt wie nirgend anders«.

Das ist leider wahr. Es trifft sogar auf viele unserer schönen Volkslieder zu, was oft nur die genial den Volkston treffende Musik Silchers verdeckt.

Und doch kann sich unser Schwäbisch auch lyrisch äußern, so spröd, fast möchte ich sagen: so keusch es sich allem Gefühlsseligen und Empfindsamen gegenüber sonst verhält. Als »klassisches« Beispiel diene Michel Buck mit seinem Strauß oberschwäbischer »Bagenga'« (Schlüsselblumen).

Buck stammt aus Ertingen am Fuß des Bussen. Er sollte Pfarrer werden, studierte aber Medizin, praktizierte im Oberland und lebte zuletzt als Oberamtsarzt in Ehingen an der Donau. Stolz auf sein altes

Bauernblut und im Innersten seinem Volk verbunden, hielt er sich in seinem Dichten streng innerhalb der Schranken der bäuerlichen Welt. Die aber schöpfte er aus. Was sein scharfes Auge sah, sein feines Ohr hörte, wurde unter seiner formenden Hand zum reinen Gedicht. In seinen bald idyllischen, bald realistischen, bald heiteren, bald sinnierlichen Stücken stört kein falscher Ton, und in den ernsten erhebt sich seine bäuerliche Sprache – was man ihr nicht zugetraut hätte – zu einem stillen und starken Pathos. Mit Recht ist diesem »Klassiker« die Ehre widerfahren, in die Schullesebücher aufgenommen zu werden.

Aus »Bagenga'«,
oberschwäbische Gedichte von Michel Buck

Uf em Busse'

Siehst du d Schnaiberg dött am Himmel,
wo se aufstahnt uffam Bode'?
s Land drum, des de Riese'schimmel
bärig naufgôht bis an d Knote'?

Seall ist d Schweiz, und des ist Schwôbe',
s Milland s oi' und s Brotland s ander –
so hôt jedes seine Gôbe'.
Jetz, nôh welam tuat mrs ahnder?

Siehni dött d' Schnai so glüahe',
in dr Obedsonn vergloste',
siehni dô des Land so blüahe',
ka'n e' Liabi dô verroste'

Gege' deam dô, wia ge diesem?
Doch e' Salamo, was tuat er?
Närrle, der liabts oi'fach zwiesem,
wia sei' Vater und sei' Muater.

Bussen, der heilige Berg Oberschwabens; bärig = kaum; Knote' = Knöchel; Milland = Milchland; ahnder = verlangt es mich mehr; diesem = jenem.

s Auchterle

Sobald dr Wind dur d Stupfle' gôht,
und d Egde' hoppet über d Sôôt,
dr Star oim uf de' Grindel sitzt,
und s Gweisch vo' Spinnewebbe' glitzt,
nôch, Bruader, herbstets wäger reacht,
    nôch kommt es schleacht.

Wenn d Neabel walet übers Land,
de' ganze' Tag it weiche' want,
wenns Laub ab Böm ond Hecke lọht,
und s Wasser in de Lache' bstôht,
nôch hôt dr Hiat e' baöse Zeit
    – bei fremde Leut.

Hôt koine Strümpf und koine Schuah.
Drum, fällt e' Schlappe' vonre' Kuah,
so springt er wolli hinte' drei',
stellt seine Füaß, de kalte, nei'.
Wia gfallet dr dia Modischuah?
Gealt, jetz hôst gnua?

Des deucht di wüast, i glaub drs au.
Und doch ist s Büable hoilig fraoh,
wenns seini Füaß so gwärme' ka',
wos koini Strümpf und Schuah verma'.
Du stôhst in deini Pelzle' warm
– der Bua ist z arm.

s Auchterle = der kleine Nachthirt; Stupfle' = Stoppeln; Egde' = Egge; hoppet = holpert; Grindel = Pflugbalken; Gweisch = Stoppelfeld; wäger = wahrlich; walet = sich wälzt; want = wollen; Schlappe' = Kuhfladen; wolli = hurtig; verma' = vermag, aufbringen kann.

11. Schwabenspiegel

Das Sprichwort vom Eigenlob fällt mir ein, da ich dieses Kapitel beginne. Indessen ganz unnötigerweise. Alles hat man den Schwaben schon vorgeworfen, nur nicht, daß sie es zu gut verstünden, sich ins Licht zu setzen. Sie sind an jenem Ruf, den sie so lange genossen, nicht ganz unschuldig. Warum haben sie sich ungeschickter und rauher gezeigt, als sie waren? Warum haben sie ihre besseren Eigenarten so meisterhaft geschickt vor den andern versteckt?

So hoffe ich denn, zwischen der Szylla des Eigenlobs und der Charybdis unserer angeborenen Kritisierlust hindurch zu kommen, ohne allzuviel schlechten Geruch zu verbreiten und ohne anzustoßen. Dazu verhelfe mir Friedrich Theodor Vischer, der »auch Einer« war und von den Schwaben folgendes überscharfe Bild entworfen hat:

»Meine sie nun zu kennen, diese Schwaben. Schwerblütig, unvermögend, sich aus sich herauszuleben. Wie leichtlebig dagegen selbst unsre mitteldeutschen Stämme! – Und dabei merkwürdig starkes Stammesgefühl. Meinen, ihre Eigenheiten seien bessere, eigenere Eigenheiten als die Eigenheiten andrer Stämme. Meinen, sie haben die Gemütlichkeit gepachtet.

Gemütlichkeit? Es ist jeder Dialekt gemütlich, und behüte uns der Himmel vor Dialektlosigkeit! Sie mögen recht haben, daß sie durch alle Stände daran halten. Aber es ist auch Gefahr in diesem Hegen, es bildet sich ein behagliches Einander-Mögen und -Gernhaben im engen Kreise, ein Element, aus welchem schwer zum resoluten Aussprechen der Wahrheit aufgetaucht wird. Die Vettermichelsgemütlichkeit liegt so nahe an der unwahren Höflichkeit als der weltglatte Bildungsschliff, mag sie auch am unrechten Ort manchmal grob sein . . .

Nachdenkliches Wesen, viel Talent, aber da stellt sich das t und l um: Talent bleibt latent. Sind so gescheit wie nur irgend jemand, haben aber wie die Schildbürger beschlossen, heimlich gescheit zu sein. Will nichts heraus ... Guter Verstand überall. Aber kein Gespräch, will sagen, kein geselliges, verbreitetes, Städte durchfliegendes Ventilieren neuer Dinge, die jedermann interessieren ... Scheint mir auch verstockter Eigensinn zugrund zu liegen, machen Gesichter, die sagen: Jetzt, weil jedermann davon spricht, weil alle Welt meint, davon müsse die Rede sein, jetzt gerade erst recht nicht. – Sind übrigens fremdenscheu, fremdeln.

Auch Gutes in dieser Verstocktheit? Hassen windiger Volubilität? Flunkerhaften Leichtredens? Gewiß, und darin viel Recht ... Auch eine gewisse edle Scham, das Innere nur so geschwind herauszugeben? Selbstgefühl, das sich gegen Modelebtag sperrt? Ja, auch davon ein Korn, im übrigen Phlegma, oder ist es anders zu bezeichnen? Man meint oft, diese Leute müssen ja Fischblut haben, wird irre, wenn man wieder den nachhaltigen Zorn sieht.

Die Schwaben sind zornig. Muß namentlich vom Neckarwein kommen, der bös macht ... Schiller hat diesen Zorn zum Zorn gegen das Gemeine veredelt ... Was ein rechter Schwab ist, wird nie ganz zahm. – Sehr häufig die oculi truces des Tacitus.

Formlosigkeit prinzipiell gemacht: sie gilt für

wahre Natur, Form gilt für affektiert ... Wissen aber doch in Kunst und Wissenschaft sehr wohl, was große Form ist ...

Hören gern »biedere Schwaben«. Der wahre Biedermann wird aber die Biederkeit haben, dies Prädikat nicht anzunehmen, weil es klingt, als ob die Leute anderswo nicht bieder wären.

Das viele Talent sichtbar in viel Humor. Aber dieser Humor öfters ins Kleine, eng Lokale verkräuselt. Lach- und Spottneigung: gefährlich, kehrt sich leicht gegen wahres wie gegen falsches Pathos. Spottlust dadurch etwas entschuldigt, daß man sie selbst viel verspottet, und doch viel mit Unrecht. Auch ihren Dialekt verspottet man oft ungerecht; unter all seiner Unschönheit ist doch ein feiner Sprachsinn verborgen, ein Ohr, ein Nerv von viel Schärfe für Sprachfehler moderner Abschleifung, naturloser Sprachkultur ...

Summa: Völklein schwer zu begreifen; Gutes und Schlimmes verknäuelt wie kaum irgendwo. Überrascht aus seiner engen Existenz die Welt auf einmal mit einem Schiller, Schelling, Hegel. Vielleicht kann man sagen: unter dem dichten, knorpeligen Schildkrötenschild ein stets gesparter, obwohl auch viel zu sehr gesparter Schatz von Talent und Kraft. Dies die mildeste Ansicht und billigste Entschuldigung. – Nur der Lebtag von der Gemütlichkeit sehr verdammenswert, erregt Überdruß.

Das ist übrigens auch wahr: keinen einzigen blasierten Menschen habe ich gefunden und bin doch mit vielen umgegangen. Dies besagt nicht wenig.«

Man kann kaum sagen, dies sei geschmeichelt. Manchem Landsmann mag es vorkommen, als habe der Dichter des »Auch Einer« aus lauter Angst, in die »Vettermichelsgemütlichkeit« zu verfallen, bei der Schattenschraffierung fester auf seinen Stichel gedrückt als unbedingt nötig. Aber auch das wäre echt schwäbisch. »Bhäb« neben dem stolzen Stammesbewußtsein läuft eine starke kritische Ader her und kühlt jenes, wenn es Temperatur zu bekommen droht, mit Ironie und Selbstverspottung ab. Auch unsere unbändige Freude am »Dischgerieren«, am Widersprechen fließt aus jener Ader. Und auch die Lust am Schimpfen, das der echte Schwabe als ein Naturrecht beansprucht. »Solang dr Schwôb schimpft, ist ehms wohl!« Der Widerspruchsgeist sitzt so tief in ihm, daß er sich selber Opposition machen muß, wenn's kein andrer tut. »s ist mr oi's«, pflegte eine biedere Schwäbin zu sagen, wenn die Rede auf eine allseits geschätzte und beliebte Frau kam, »s ist mir ganz oi's, d Frau X. ist e' feine Dam!«

Was sonst noch im Schwaben steckt? Noch viel! Er ist schlau und pfiffig, grob und aufbrausend (»nehmet Se mei' Grobheit für Höflichkeit a'«, sagte der Pfannenflicker nach der Unterhaltung); eigenwillig und dabei urdemokratisch weit über den politischen Sinn des Wortes hinaus (von unserm letzten König sagte man: wenn er nicht König wäre, wäre er sicherlich demokratischer Landtagsabgeordneter); er ist anhänglich an das Hergebrachte, auch dann, wenn das »gute Alte« mehr alt als gut ist (»Wat is nu det wieder für'n oller Quatsch!« sagt der Berliner. »Was send des für nuie Mödele'«, sagt der Schwabe); er ist mutig und tapfer (im ersten Weltkrieg haben die Württemberger von allen deutschen Stämmen die meisten Toten und die wenigsten Gefangenen gehabt), seßhaft und oft sogar verhockt – und doch wanderlustig wie kein andrer deutscher Stamm, mißtrauisch und naiv (»ein Schwabe ist ein Gemüt, das heute von einer hohen Frau einen freundlichen Blick bekommt und morgen schon hofft, sie werde ihm in schwesterlicher Zutraulichkeit einen abgerissenen Knopf an den Rock nähen«); er ist »hehlingen zart, hehlingen lieb, hehlingen fromm, aber offen lustig, offen brutal, offen derb« (Lämmle); und nicht zuletzt ist er nüchtern und praktisch und spintisierend und sinnierlich zugleich. Und, um auch das nicht zu verschweigen, erwerbstüchtig ist er auch.

Kurzum: ein Gemisch von Eigenarten und Unarten, von Fehlern und Vorzügen, an dem schon mancher Fremde, der unter die Schwaben fiel, verzweifeln wollte. Es ist fast die Regel, daß Norddeutsche, die es nach Schwaben verschlagen hat, sich anfangs todunglücklich fühlen – und später nicht mehr weg wollen. »Ma' muaß halt toa' wie d Leut, nôh gôhts oim au wie de Leut!«

Nach dieser langen abstrakten Bespiegelung hat der Leser ein Anrecht darauf, die Schwaben nun auch in concreto kennenzulernen. Sollte ihm manche Unebenheit nicht gefallen, so mache er sich die schwäbische Redensart zu eigen, die da sagt: »Wenn no' älle Leut so wäret, wie i sei' sott . . .«

*

Als man einem jungen Ehemann zur Hochzeit gratulierte und seinen guten Geschmack lobte, der ihm eine so blitzsaubere, nette Frau zugeführt habe, meinte er sachlich: »Ha, môrom hätt i solle' e' wüaste nemme'? E' schöne frißt au et maeh.«

*

Beim Holzfällen im Schwarzwald war ein Waldarbeiter von einer Tanne erschlagen worden. Der Witwe wandte sich allgemeine Teilnahme zu. Ein paar Tage nach der Beerdigung erzählte sie einer andern Holzmachersfrau, deren Mann auch an der Unglücksstelle gearbeitet hatte, sie bekomme jetzt 4000 Mark vom »Unfall«; dieser blieb der Mund offen. »Wieviel?« brachte sie schließlich heraus, um mit einer verzweifelten Handbewegung an die Stirne fortzufahren: »und mei' Simpel springt eweg!«

Ein junger Vikar hielt seine erste Predigt in einer kleinen Gemeinde bei Stuttgart. Im Eifer verschob sich sein Beffchen und schaute nach hinten. Auch sonst geriet sein Äußeres in leichte Unordnung. Da hörte man vom Hintergrund der Kirche eine Stimme: »Gottlieb, gang au nuf ond dreh em d' Krage' rom . . .«

*

Zu einem Tübinger Rechtsanwalt kam ein Mann, sein Nachbar habe ihn beleidigt, er könne sich das nicht gefallen lassen und wolle ihn verklagen. Was der Nachbar denn gesagt habe? »E' Rindvieh hôt r me ghoiße', s größt sogar, mô uf Gottes Erdbode' romlauf!« – Der Rechtsanwalt war kein Advokat und meinte es gut mit seinem Klienten oder wenigstens mit dessen Geldbeutel. »Prozessieret Se net«, riet er ihm, »der ist imstand und tritt de' Wahrheitsbeweis a'!«

*

Es war einmal ein Taglöhner, der schimpfte in einer Wirtschaft unbändig auf das Finanzamt. Stundenlang. Im Nebenzimmer, das, wie oft in schwäbischen Wirtschaften, nur durch eine dreiviertelshohe Bretterwand getrennt war, tagte eine Gesellschaft würdiger Herren, deren Besprechung durch das Geschimpfe peinlich gestört wurde. Schließlich kam einer heraus und fragte den Schreier, was er denn Steuer bezahlen müsse, das sei ja nicht mehr zum

Mitanhören. »Gnuag«, sagte der, »fenf Mark, wenn Se's gnau wisse' wöllet.« Der Herr glaubte nun mit einem Fünfmarkstück sich Ruhe erkaufen zu können und legte es auf den Tisch. Aber der Mann schob es weit von sich und sagte verächtlich: »Noi', Herrle, so ist des Deng et – i will schimpfe' därfe'!«

*

Ein älteres Ehepaar besaß einen Weinberg, der einen guten Tropfen trug. Die zwei Leutchen waren aber so sparsam – oder so geizig –, daß sie nur Wasser tranken und sich höchstens einmal ein Glas Most vergönnten. Der Anstich des Weinfasses wurde immer wieder hinausgeschoben. So lange, bis der Alte sich ins Sterbebett legte, »in d' lange' Samstig«. Kurz vor dem letzten Schnapper bat er sein tiefbetrübtes Weib »no' au om e' Schlückle« von dem guten Wein. Die aber reichte ihm ein Glas Wasser und meinte unter Tränen: »Bhilf de voll, Christian, bhilf de voll nüber!«

*

Vor meinem Fenster in Stuttgart standen schattige Kastanien und in warmen Nächten deshalb regelmäßig Liebespaare. Abend für Abend hörte ich dasselbe Gelispel und Geflüster draußen. Einmal nun hörte die Liebe nimmer auf, und da mein Schlafbedürfnis nicht warten wollte, was sich als stärker erweisen würde: die Standhaftigkeit des Mädchens oder die Überredungskunst ihres zähen Liebhabers, sagte ich schließlich zum Fenster hinaus: »Oh, wären Sie nicht so gut und gingen jetzt ein bißle an das Eck dort drüben – ich kann nämlich nicht schlafen?« Und bekam von dem schwäbischen Don Juan diese Antwort: »Wenn Sie e' guats Gwisse' hättet, nôh könntet Sie schlôfe!«

*

Einem Oberländer Bauern war beim Pflügen ein Paar Ochsen vom Blitz erschlagen worden. Als er das Jahr darauf mit einem neuen Paar wieder auf jenem Acker pflügte, zog ein schweres Gewitter herauf. Beim ersten Donnerschlag blickte der Bauer an den schwarzgrauen Himmel und schrie hinauf: »So? Schmeckst wieder e' Paar Öchsle'?«, spannte aus und trieb seine Ochsen heim.

*

Unkundig der Wege und Sitten seiner neuen Heimat spazierte ein norddeutscher Professor, der noch nicht lange in Tübingen war, über ein Privatgrundstück. Dessen Besitzer, ein Gôg (später mehr davon!), das sehen, nach dem nächsten besten Wengertpfahl langen und mit geschwungener Waffe auf den Professor losstürzen, war eins. »Du waehtageter Waehtag, du Herrgottsakrament, dir schla e d Läuf a', dir henk e s Kreuz aus, nôh ka'st dein Arsch in dr Schlinge hoimtra! Gôhst aus meim Wieswas raus!« brüllte er mit der hellen Kopfstimme, die diesem Schlag eigen ist. Der arme Professor war völlig verdattert: »Entschuldigen Sie, aber ich habe wirklich nicht gewußt ...« – Darauf der Gôg: »Drom sait ma's Ehne' en Guatem!«

*

Zwei alte Frauen fahren auf der schwäbischen Eisenbahn, beide ein Kapotthütchen auf dem Kopf, das auf Sturm steht, wegen des Fensters. Die eine erklärt, wenn das Fenster nicht augenblicklich geöffnet werde, bekomme sie einen Schlag; die andere meint, wenn das Fenster geöffnet werde, hole sie sich eine Lungenentzündung. Der Streit geht weiter, bis der Schaffner kommt und folgendermaßen entscheidet: »So, jetzt machet mr des Fenster zerst uf, bis de oi' hi' ist, nôh machet mrs wieder zua, bis de ander hi' ist, nôh send boide zfriede'.«

*

»Das Leben Jesu« von David Friedrich Strauß erregte seinerzeit allenthalben beträchtliches Aufsehen, und selbst das einfache Kirchenvolk auf dem Land hörte von den neumodischen Ansichten des Tübinger Stiftsrepetenten etwas läuten. Eines Tages saß der Dekan eines Neckarstädtchens am Krankenbett eines alten Wengerters, bei dem Matthäi am letzten war. Er wollte dem alten Mann das Sterben leicht machen und schilderte ihm das Paradies in den lockendsten Farben, sprach ihm von der ewigen Glückseligkeit, in die er eingehen dürfe, von den himmlischen Freuden, die seiner warteten. Der aber schüttelte skeptisch den Kopf und meinte: »O Herr Dekan, se lobets a'fange' au nemme so!«

*

Ein Stuttgarter Polizeibeamter kam gerade dazu, wie nachts sich eine Frau im Feuersee ertränken wollte. Er zog sie wieder heraus: »Machet Se koine Dommheite', Fraule!« – »Lasset Se me los«, rief die Frau, »i gang ens Wasser, i sieh nemme naus, i sieh nemme naus!« Der brave Beamte redete ihr gut zu, sie solle doch Vernunft annehmen und so. Aber die Frau war fest entschlossen. »Nôh versäuf e me morge'«, sagte sie, »oder glei nôchher, wenn Sie weg sind.« Da wurde der Beamte ganz dienstlich: »Das könnet Se halte', wie Se wollet, aber des sag i Ehne': net, solang i Dienst han!«

*

In einem Flecken droben auf der Alb herrschte große Aufregung – wenigstens im Pfarrhaus. Der Pfarrer sollte aufs Konsistorium nach Stuttgart und konnte keinen Wagen auftreiben, der ihn zur nächsten Bahnstation gebracht hätte. Außer – einem Sauwägele. In Gottes Namen, denkt der Herr Pfarrer und setzt sich neben den Fuhrmann auf den Bock. So kutschieren sie los, und am Bahnhof fragt der geistliche Herr nach seiner Schuldigkeit. Der Fuhrmann kratzt sich hinter den Ohren, macht im stillen einen Überschlag und rückt schließlich heraus: »Von der Sau hao'n i sust (sonst) e' Mark, Herr Pfarrer.«

12. Das Schwabenalter

»Es sind also die Schwaben nicht allein, die vierzig Jahre brauchen, um klug zu werden.«
Goethe

Das Gescheitwerden setzt voraus, daß man es noch nicht sei. Nun sagt man uns Schwaben bekanntlich nach, wir würden es erst mit vierzig. Das ist nicht so schlimm, wie es auf den ersten Blick aussieht. Denn wenn auch Dummsein die unerläßliche Bedingung ist für das Gescheitwerdenkönnen, so folgt daraus noch nicht, daß der genannte Zustand bei allen und unter allen Umständen zur Erleuchtung führe. Das Schwabenalter – das sagt schon der Name – ist nur für Schwaben sicher verbürgt. Wie es andern gehen kann, soll – höflichkeitshalber – der Nichtschwabe Friedrich Rückert sagen:

Als ich ins Schwabenalter
eintrat mit vierzig Jahren,
wo der Verstand bei den Schwaben
soll kommen nach dem Sprichwort,
hofft' ich, er sollt' kommen
mir auch. Wer aber nicht kam,
war der Verstand.

Bleiben wir einen Augenblick bei jener »unerläßlichen Bedingung«, landläufig gesprochen: bei der Schwabendummheit. Man hat viel Aufhebens von ihr gemacht, und des Lachens über sie war kein Ende. Die schnöde Welt neigt dazu, eine Tat nur nach ihrem augenblicklichen und greifbaren Nutzeffekt abzuschätzen. Daß dabei die Schwabenstreiche schlecht abschneiden müssen, liegt auf der Hand. Die Zahl dieser Offenbarungen unseres vorintelligenten Zustandes aber ist Legion. Da wären die Mundinger, die Gansloser, die Bopfinger, die Buchhorner, die Gersthofener Geschichten – fast jeder schwäbische Flecken kann sich solcher Taten rühmen. Ob die guten Leute nun Ochsen säen oder Eier in einen Korb treten, damit möglichst viel hineingehen, oder zu Ehren des kaiserlichen Besuchs den Gehenkten weiße Hemden anziehen, oder auf Sonn- und Mondfang ausgehen, oder ob sie, um ihre Städtle für den Feind uneinnehmbar zu machen, statt einer Mauer Verbotstafeln aufstellen, oder Esel ausbrüten, oder sonst eine geniale Idee, das bleibt sich gleich. Von den vielen individuellen Stücklein, die man in den Schwank- und Volksbüchern nachlesen mag, zu schweigen. Ich erinnere nur an den Braven, der sich über sein tüchtiges Weib freute, weil sie ihm auch in seiner Abwesenheit auf langen Reisen Kinder gebar. Und an den Knecht Auberle, dem einstmals sein Herr Werner von Zimmern befohlen, »des andern Tags gen Costanz zu reiten. Der Auberle ist des andern Tags morgens früe, ohne gefragt, was er doch thuon solle, hinüber nach Costanz geritten, ist allda übernacht blieben und des andern Tags wieder heim geritten«. – Und nicht zuletzt ruht unser Nationalepos von den wakkeren Sieben auf diesem soliden Grundstein unsres Wesens.

Auf die Schwabenstreiche besitzen wir freilich kein Monopol mehr. Ihre Voraussetzung aber ist uns als kostbares Erbgut geblieben. Nicht selten bricht es mit Gewalt in uns durch. Zum Beispiel in jenem Schwenninger Mädle, das beim Bahnbau einem italienischen Erdarbeiter zu nahe gekommen war und nun in heller Verzweiflung jammerte: »O je, i ka' jô nôh it emôl mit meim oagne Kind schwätze', weil i it italiänisch ka'.« Genauso bei den Helden der Plattenhardter Feuerwehr, die – aber diese ebenso aufregende wie klassische Geschichte muß man unbedingt im Original lesen (in Martin Langs »Schbatzaweisheit«).

Trotz allem – oder gerade deshalb? – ist es ein Schwabe gewesen, der das Pulver erfunden hat! (Wenn auch einer aus Freiburg.) Auch ein Schwabenstreich und vielleicht der größte von allen! Es ist also eine wunderliche Sache um diese Schwabendummheit. Den Bruder Berthold läßt sie entgegen aller Sprichwortweisheit das Pulver erfinden, und einen Tuttlinger Handwerksburschen führt sie in der schönen Geschichte vom »Kannitverstan« zur Wahrheit und ihrer Erkenntnis. Was kann sie also mit der gewöhnlichen Dummheit gemein haben? Nichts als den Namen und gelegentlich die Wirkung. Ist eine Dummheit, der sozusagen eine prästabilierte Intelligenz innewohnt, überhaupt noch eine? Es haben sich mit diesem Problem – wo ist Dummheit sonst ein Problem? – schon große Männer auseinandergesetzt, und sie sind alle dahintergekommen, daß das Kind einen falschen Namen trägt.

Die sagenhafte Schwabendummheit ist eine hintergründige Mischung aus Herzenseinfalt, Überschlauheit, Tüftelei, überspitztem Denken und einer Blindheit, die vor Bäumen den Wald nicht sieht. Auch ein starker Schuß Sinnierlichkeit und Grübelei steckt darin. Der echte Schwabe gibt sich mit dem Schein der Dinge nicht zufrieden, er will hinter ihr Wesen kommen, und deshalb brütet er gern »übrem Absolute'«. Daß es bei ihm bisweilen etwas überzwerch herauskommt, kann nur Oberflächliche täuschen.

Martin Lang erzählt, wie zu einem alten Weingärtner in Tübingen einmal ein »Helfer«, ein protestantischer Geistlicher, kam. Er fand ihn über der Bibel und freute sich solcher Frömmigkeit. Im Lauf der Unterhaltung stellte sich heraus, daß den bibelfesten Gôgen ein theologisches Problem quälte, eins, das ihm offenbar arg zu schaffen machte. »Wisset Se, Herr Helfer«, sagt er, »dô komm i halt schwer drom nom ... D Eltere' von onsrem Herr Jesus hend

Josef und Maria ghoiße' ... Wemma' bedenkt: Josef und Maria, zwoi so katholische Name'! Ma' könnt grad hentersennig drüber weare'.«

Görres schreibt, die Schwaben hätten Sinn für die Sache innerlich, die Fenster seien ihnen nur eben angelaufen, darum scheine es etwas trüblich durch ... Und Ernst Moritz Arndt nennt sie, denen »das Leben oft wohl sehr spät klarwerden« müsse, eben wegen dieser »Dummheit«, die deutschesten Deutschen. Genau das meinte auch das »Pfausbäckle«, ein alter Dienstmann in H., der viel in der Welt herumgekommen war und über das Leben seine eigene Meinung hatte, als er einmal in purstem Hochdeutsch den Ausspruch tat: »Bloß schad, daß meine Talente so tiaf en mir verborge' send!« So tief, daß sich auch diese Erkenntnis bei ihm erst ans Tageslicht bringen konnte, nachdem etliche Schoppen die angeborenen Hindernisse und Hemmungen weggeschwemmt hatten.

Sein Sinnieren, Spintisieren und Meditieren läßt den Schwaben schwerfällig und unbeholfen erscheinen und macht ihn oft unklar im Ausdruck. Weil er »im tiefsten Grunde zu allem ja und zu allem nein sagen muß«. Ein Landsmann hat diese schwäbische »Zweiseitigkeit« in einem gescheiten Buch durch die ganze schwäbische Literaturgeschichte verfolgt und kommt dabei zu diesem Ergebnis: »Das ist eben das Charakteristikum des Schwaben, das sich in der

Stammtischpolitik des Philisters wie im Werk des Genies geltend macht, daß er kein Entweder-Oder anerkennt, daß er die Gegensätze des Denkens und Wertens empfindet – ja, das ist von entscheidender Wichtigkeit –, sogar außerordentlich stark empfindet, aber, statt nun einen von beiden zu vernichten, sie vielmehr mit einem ›Sowohl – Als auch‹ oder ›Weder – Noch‹ oder gar gleichzeitig auf beide Arten zu ›versöhnen‹ sucht« (Heinz Otto Burger, »Die Gedankenwelt der großen Schwaben«).

Die Fähigkeit, beide Seiten einer Sache zu sehen, pflegt sich gemeinhin erst nach Erfahrung und in gereifterem Alter einzustellen – so um die Vierzig herum ... Aber halt! Wenn doch gerade diese zweiseitige Veranlagung unsre »Dummheit« ausmacht, die uns ja vor diesem kritischen Jahr eignen soll, dann – dann – bestände das Schwabenalter für uns darin, daß wir mit vierzig das abstreifen, was die andern mit vierzig erst erreichen wollen? Mit andern Worten: dann würden wir mit vierzig so gescheit, wie es die andern vor dem vierten Jahrzehnt sind, und diese so dumm, wie wir es vor dem gefährlichen Alter sein sollen? Aus diesem Dilemma hilft uns wieder einmal Vischer: »Jeder Mensch ist ein Schwab. Und da ist das Sprichwort nicht richtig; es ist nichts mit dem Gescheitwerden im vierzigsten Jahr. Was ein rechter Mensch ist, wird nie gescheit. Ein dummer Mensch wird bald gescheit, ein gescheiter bleibt dumm bis an sein seliges Ende. Das Unglück, ganz gescheit zu werden, erlebt aber der Mensch erst, wenn er stirbt!«

Und so besteht, genau betrachtet, der Gewinn des Schwabenalters bestenfalls in einer gewissen Selbsterkenntnis und Selbstkritik, etwa in der Art, wie August Lämmle es ausdrückt:

Gscheitheit aber ist dui List,
daß mr merkt, wie domm mer ist.

Wen es nach solcher Weisheit gelüstet, er sei nun Schwabe oder nicht, der muß, wenn er ins Schwabenalter eintritt, allerdings scharf achtgeben, daß er »s richtig Minütle nit verpaßt«! Sonst bleibt er wie andere Leute . . .

13. *Wir kommen nicht drum rum . . .*

»Oh, ubi Suevorum mores!«
Heinrich Bebel, 1509.

In den »Abenteuern von den Sieben Schwaben« heißt es vom Nestelschwab: »Einstmals fragte ihn der Blitzschwab, ob er auch schwören könne? und er soll mal einen recht höllischen Fluch tun. Da nahm er die Kappe ab und sagte: ›Mit Verlaub, daß dich das Mäusle beiß!‹ Und das war sein größter Fluch, den er wußte.« Woraus hervorzugehen scheint, daß es mit seiner schwäbischen Herkunft doch nicht so ganz stimmte. Hingegen erbrachte der Spiegelschwab einmal den Beweis, daß er ein Christenmensch sei, dadurch, daß er so heidnisch fluchen konnte.

Wenn's danach geht, sind wir Schwaben freilich nicht die schlechtesten Christen. Denn schwören, fluchen, schimpfen und grob sein, das können wir trotz einem. Höchstens die Bayern übertrumpfen uns darin. Man braucht das nicht tragisch zu nehmen, unsre bisweilen recht saftigen Stoßseufzer kommen aus einem ehrlichen Herzen, wie ja oft Grobheit und Ehrlichkeit Hand in Hand gehen. Und schließlich ist es Temperamentssache, ob zum Abreagieren ein gesäuseltes Sapperlot! genügt oder ob erst ein Schwall herzhafterer Redensarten »battet« (ausreicht). Auch unsre Abneigung gegen alles Gezierte und Konventionelle ist dabei im Spiel. Andererseits hat die häufige Anwendung Grobheit und Derbheit selbst gewissermaßen konventionell gemacht und ihnen dadurch ihre stärkste Wirkung und ihre Anstößigkeit genommen.

Hier ist der Ort, von einer Ehetragödie zu erzählen, die sich vor ein paar Jahren in Berlin zugetragen hat. Ich halte mich dabei an den Bericht des »Berliner Schwabenblatts«. Ein Ehemann, Schweizer von Geburt, klagte auf Ehescheidung und führte zur Begründung an, seine Ehefrau habe ihn in Gegenwart des Dienstmädchens »saudomms Rindviech« geheißen. Die Frau bestritt dies nicht und gab an, der Anlaß sei recht geringfügig gewesen, und sie habe die Äußerung nicht bös gemeint. Nun muß man wissen, daß Ehefrau und Dienstmädchen Schwäbinnen waren. Deshalb unterbreitete ein Berliner Anwalt den Tatbestand dem Vorstand der Landsmannschaft der Württemberger in Berlin mit der Bitte um Auskunft, ob der Ausdruck unter Schwaben beleidigend aufgefaßt werde.

Der angerufene Sachverständige antwortete – natürlich – verneinend, legte aber die Doktorfrage noch einigen prominenten Mitgliedern der Landsmannschaft vor. Einer schrieb darauf: »Im Laufe von 35 Jahren des Verkehrs mit Norddeutschen habe ich festgestellt, daß ein Berliner eher beleidigt ist, wenn ich zu ihm sage: ›Sie anjenehmer Herr, Sie!‹, als wenn ich einen Landsmann ein Rindviech nenne.« Es wäre zur Not noch verständlich, wenn sich ein Großstädter, der oft erst im Urlaub ein echtes Rindvieh zu sehen bekomme, über jenen Titel beleidigt zeigte; aber ganz abwegig sei es, daß ein Schweizer, dessen Volk doch ebenso erd- und landwirtschaftsverbunden sei wie die Württemberger, sich darüber bis zur Scheidungsklage empöre. Selbstverständlich sei die Ehefrau nicht schuldig zu sprechen, wenn sie es nicht selbst vorziehe, von diesem »saudommen Rindviech« endgültig befreit zu werden.

Ein zweiter meinte: der Ausdruck könne unter Umständen sogar eine Schmeichelei oder Zärtlichkeit sein, es komme da ganz auf den Ton an ... Und überhaupt, wenn man nicht einmal den eigenen Mann ein »saudomms Rindviech« heißen dürfe ... !

Diese und ähnliche Gutachten machten auf den Anwalt tiefen Eindruck. Er hoffe, schrieb er, daß das Gericht sich dieser Argumentation anschließen werde. Ob dies geschah, weiß ich leider nicht. Aber daß unsre Landsmännin mit dem gewählten Titel nicht ganz danebengeschossen hat, darüber sind wir uns wohl einig? Oder et?

Das Kind beim Namen zu nennen und das Natürliche natürlich zu finden, das ist eine Männertugend, und der Schwabe, dem Männlichkeit über alles geht, übt sie mit Fleiß und Hingabe. Es ist nur natürlich, daß eine solche Haltung auch auf das zarte Geschlecht abfärbt. Dazu will ich einen alten Schwank hersetzen von einem Ulmer Bürgermeister, der einmal eine Erzherzogin begrüßte. »... Und under der oration und rede empfur im, ich waiß nit was, die Kochersperger nennends ein furtz. Er bewegt sich nit darumb, sunder redt sein werbung für sich. Die Fürstin nam sich dessen nit an, als ob sie es gehört hette. Die junckfrauen aber, die hinder der fürstin stunden, lachtend und sahen einander an. Gleich bald so laßt auch ihren eine vor lachen, das sie nit verbeißen kundt, ein junckfrauen fürtzlin, das es knalt. Als das der burgermeister hört, sagt er: ›Wolan, lieben junckfrauen, lassends in der ordnung herumher gehn! Wann mich dann die zal begreiffen würt, so will ich wider anheben!‹«

Dazu will freilich nicht so recht passen, was das Volkssprüchlein sagt:

Roß und Ma' stôhts Furze' a'.
Weib und Kuah – heb s Füdle' zua!

Wer bis hierher gelesen hat und das Pech haben sollte, mit schlechten Augen behaftet zu sein, die zwischen Derbheit und Zoten nicht zu unterscheiden vermögen – für den richte ich eine Warnungstafel auf: Wer weiterliest, hat sich's selbst zuzuschreiben! Wir andern aber wollen nicht prüder sein als unsre Vorfahren waren und wollen uns der Herzhaftigkeit einiger schwäbischer Sprichwörter freuen. Totschweigen darf ich sie nicht als ehrlicher Schwab, und ändern mag ich sie nicht. Nehmt sie also hin so, wie sie gemeint sind!

Morgenstund hat Gold im Mund und Blei im Füdle'. – Dear hôt en Krattel (Hochmut) wie e' alts Scheißhaus. – Vorsicht ist besser als Nachsicht, hôt s Mädle gsait, und hôt de'n Arsch vorm Scheiße' putzet. – Dear möcht au übersche (über sich) scheiße' wie d Emeritze'. – Am Arsch ists fenster, aber net windstill. – Etz isch gange', hôt dr Bettscheißer gsait.

– Der alte Hanskarle in Tübingen pflegte zu sagen, ein Optimist sei einer, mô auf seim Acker furze und moi', er häb ehn dünget.

Man sieht, der gewisse Körperteil und seine verschiedenen Funktionen spielen in der Sprache des Volkes keine geringe Rolle. In vielen schwäbischen Städten gibt es Wirtschaften, denen der Volksmund den Namen »Zu den zwölf Arschbacken« gegeben hat, es können auch mehr oder weniger sein, eben je nach der Zahl der Wirtstöchter. Und selbst das Sterben läßt sich mit dem guten alten Wort metaphorisch umschreiben: Deam ist s Arschloch zuagschnappet, oder: Bei deam hôt au dr Arsch Feierôbed.

Weitaus am häufigsten hört man das Wort in dem bekannten Gruß, den man den »schwäbischen« heißt, obgleich seine Anwendung keineswegs auf das Ländle beschränkt ist. Man kann ihn tatsächlich überall hören, er ist weltgültig. Es ist allerdings nicht zu bestreiten, daß bei uns von ihm ausgiebig Gebrauch gemacht wird, und zwar in allen Kreisen und in jedem Sinn.

Die württembergische Regierung wurde einmal im Landtag interpelliert; ein hoher Ministerialbeamter sollte als Sprecher der Regierung die gewünschte Auskunft geben. Er wandte sich also an den zuständigen Referenten, um die nötigen statistischen Unterlagen zu bekommen. Der erklärte aber kurzweg, der Interpellant solle ihn ... Offenbar war dies auch die Meinung der Regierung, denn der Herr Ministerialrat erwiderte darauf völlig ernst: »Ha no', über de endgültig Formulierung könne' mr jô noh schwätze'!«

In dieser bekanntesten Bedeutung gebrauchte ihn auch der Ritter mit der eisernen Faust, dessen Stammburg sich ja auf württembergischem Boden erhebt. Und in diesem Sinn ist er bei uns landesüblich – was sage ich, sogar die schwäbischen Erzengel führen ihn im Mund, wie man bei Sebastian Sailer nachlesen mag. Der Wortlaut ist meist götzisch-klassisch, oft aber wird die Aufforderung auch nur umschrieben. So lädt schon das Kätterle aus der Herrschaft Schwabeck den Blitzschwaben ein, »ihr auf die Kirbe zu kommen«. Ähnlich schamhafte Umschreibungen sind: Blôs mr de' Hobel! – Ka'st me im Adler treffe'! – Kuß me am Buckel! – Als Verschärfung kann man gelegentlich Zusätze hören wie: ... kreuzweis ond überzwerch, oder: ... aber au weit drenne', môs räß ist. Der Landeskundige wird sich darauf nicht einlassen, sondern gelassen entgegnen, das könne er nicht, er habe es schon einer andern Sau versprochen, oder er wird darauf hinweisen, daß um den seinen »au koi' Gitter« sei.

Seine poetische Verklärung hat der Gruß im sogenannten Ulmer Fischermarsch gefunden, mit dem freilich der echte, alte Ulmer Fischermarsch, wie er in der Donaustadt beim Fischerstechen und am Schwörmontag einst geblasen und gesungen wurde, nicht das geringste zu tun hat. Übrigens hat der philosophisch angehauchte Schwabe eine ganze Weltanschauung darauf aufgebaut. Man nennt dieses System, das man als volkstümliche Wiedergeburt der alten Stoa ansprechen könnte, den L.m.i.A.-Standpunkt. Wer sich darauf stellt, der ist gefeit, gegen ihn stürmen die Wogen des Schicksals machtlos an.

Ein Tübinger Weingärtner, also ein Gôg, erzählt seinem Weib, wie er heute im Weinberg in schwere Verlegenheit gekommen sei. Sei da der Nachbar zu ihm gekommen und habe seine »Hôpe«, sein Winzermesser, leihen wollen. »Gib e se, nôh hao'n e se gseah', gib e se et, nôh ist dr Teufel laos – was hättest du etz tao' en so re' Lag?« – »I?« sagt sein Weib, »i hätt de' goldene Mittelweag ei'gschlage'.« – »So hao'n is au gmacht, i hao' gsait, er soll me am Arsch lecke'.«

Auch als Ausdruck des Staunens, der Verwunderung dient der »schwäbische Gruß«, und um seinen Namen zu rechtfertigen, tatsächlich auch als kameradschaftliche Form der Begrüßung unter Bekannten, die sich lange nicht mehr gesehen haben: Ja, jetz l. m. i. A. – mô kommst du her?

Bei solcher Verbreitung ist es selbstverständlich, daß er auch in seiner strengsten Fassung unter Schwaben keine Beleidigung darstellt, jedenfalls keine klagbare. Ein schwäbisches Gericht hat entschieden, der Gruß sei nicht beleidigend, weil er landauf und landab gebraucht werde: erstens um ein Gespräch anzuknüpfen, zweitens um eine ins Stocken geratene Unterhaltung wieder in Fluß zu bringen, drittens um einem Gespräch eine andere Wendung zu geben und viertens um eine Unterhaltung endgültig abzubrechen.

Soweit hatte ich geschrieben, als mir der neckische Zufall eine Zeitung in die Hände spielte mit einer Notiz, die meine obigen Ausführungen geradezu über den Haufen warf. Zu allem hin war es auch noch ein Berliner Blatt; es berichtete über einen Beleidigungsprozeß vor einem oberschwäbischen Amtsgericht. Ein junger Mann hatte einer »angesehenen Persönlichkeit« das Althergebrachte zugerufen und gegen den dafür erlassenen Strafbefehl (!) über 14 Tage Gefängnis Einspruch erhoben. »Das Gericht ließ noch einmal Milde walten und wandelte die Gefängnis- in eine Geldstrafe von 100 Mark um. Die Urteilsbegründung stellte fest, daß die bewußte Einladung auch in Oberschwaben eine Beleidigung sei – wenn auch keine schwere.« Welcher Niedergang der Sitten!

14. *Käuze*

Jeder Mensch ist ein Original aus Gottes Hand, hat ein Schwabe gesagt, oder sollte es doch sein. Ein Grundsatz, den wir von jeher beherzigt haben. Seine Sonderart auszuleben, das eigene Wesen ungehemmt von fremden Einflüssen zu entfalten, darauf hat der Schwabe schon immer Wert gelegt. Es ist kein Zufall, daß mehr als die Hälfte aller Reichsstädte auf Schwaben kommen. Die Eigenwilligkeit liegt uns im Blut, und sie treibt oft wunderliche Blüten.

Im Grund sind es die gleichen Wurzeln, aus denen dem schwäbischen Stamm seine großen Geister erwuchsen, und die auch die Käuze und Sonderlinge so saftig ins Kraut schießen lassen. Bis zu einem gewissen Grad hat jeder Schwabe das Zeug zu – nun, wenigstens zu einem Original. Und alle die verschrobenen Eigenbrötler, die lustigen Käuze und spintisierenden Sonderlinge sind nichts anderes als Überschwaben.

Zu diesen »schiefgewickelten Menschen« gehört eine betonte Einseitigkeit, eine Hypertrophierung eines einzelnen Wesenszugs auf Kosten der andern. Sie reiten alle auf einem Steckenpferd Hohe Schule, teils mit Humor und teils mit Würde – für den Beschauer läuft das meist auf dasselbe hinaus. Dazu kommt die echt schwäbische Freude am Systematisieren! Man hat eine Statistik aus den vierziger Jahren des letzten Jahrhunderts gefunden, in der ein schwäbischer Lehrer ausrechnet, daß er während seines fünfzigjährigen Amtierens 911 547 Stockschläge verabreicht habe, ferner 124 010 Rutenhiebe, 7908 Ohrfeigen, 1 115 800 Kopfstöße usw. Wahrscheinlich haben die armen Schulbuben manche »Tatze« bekommen, die weniger der pädagogischen als der statistischen Leidenschaft ihres Schulmeisters entsprang. – Und wo blüht das Sektenwesen, das Systembauen im kleinen, üppiger als in Schwaben? Fast könnte man sagen: Jedem sein eigener Herrgott, und den Biberachern noch ihr besonderes Herrgöttle! Von den Stillen im Land sagte Friedrich Theodor Vischer, dem sie allerdings übel mitgespielt hatten, einmal boshaft: »Der Pietist ist Religiöser von Metier. Pietist ist, wer nach Religion riecht. Du sagst zu einem Pietisten: Es regnet, ich will einen Schirm nehmen, und er antwortet: Gut, aber der wahre Schirm ist Gott. Du sagst: Ich trage gern einen Stock, und er versetzt: Gut, aber der Herr allein ist der wahre Stecken und Stab. Du sagst: Das Licht brennt hell oder dunkel, und er bemerkt: Gut, aber die Religion ist das wahre Licht usw. ...«

Mit gleicher Hartnäckigkeit versteifen sich andere auf einen mehr oder weniger hintersinnigen Skeptizismus. Mathias Koch zeichnet in seinen Mundartgedichten von der Balinger Alb »Kohlraisle« so einen ungläubigen Thomas:

Voar em Kirchhof

Deane dô henne'[1] ist es wohl,
sait s Gottfriede'-Mädle zom alte' Gohl.
Dear beaffzget[2] nom: so täa' ma' oan laehre' –
ear häb noh koan denn[3] jurzge' haöre'.

In einer Wirtschaft hatte ich einst Gelegenheit, zwei einfache Mannen zu belauschen, denen Haeckel anscheinend alle Welträtsel gelöst und zu einem überlegenen, gut fundierten Materialismus verholfen hatte. Sie sprachen – notabene, bei einer Portion Schwartenmagen und einem Glas Hellen! – vom Sterben und vom Fortleben nach dem Tode. Da sich das eine nicht gut leugnen ließ, taten sie's um so entschiedener beim andern. Er würde sich, wenn's einmal so weit sei, verbrennen lassen, erklärte der eine. Sein Freund hingegen wollte noch im Tode der Wissenschaft dienen und darum seinen Leichnam der Anatomie vermachen. Der Feuerbestattungsanhänger sah ihn kritisch an: »Dô wurd dr s Maul sauber bleibe', Eugen, narr dia brauchet andere Schkeletter – koine so kromme Hôke', wia du oir bist.« Indessen, das künftige Forschungsobjekt ließ nicht luck: »Nôh vermach e me ere' (einer) Schual; für Schulzwecke wur is au noh toa'!«

Käuze gibt es bei uns in allen Kreisen, unter Professoren, Handwerkern, Lehrern, Offizieren und Be-

[1] da drinnen. [2] bellt. [3] drin.

amten und natürlich vor allem unter unsern Bauern. Dem Tübinger Metzgermeister und Dichter Christian Späth hat vor einigen Jahren sein Mitbürger Theodor Haering ein Denkmal gesetzt. Solang »der Mond braust durch das Neckartal«, solang wird man dieses Verses und seines Schöpfers Christian Späth gedenken. Unvergessen bleiben soll auch der philosophische Zug im Bild des Wackeren, der ihn zum Kantianer stempelt: Als in einer Tübinger Wirtschaft Studenten über den kategorischen Imperativ des Königsberger Weisen stritten, sprach Christian Späth die geflügelten Worte: »Jawoll! Wenn i äls ôbeds vo' Dußlenge' rei'fahr, de' gestirnte' Himmel über mir, das sittliche Gesetz en mir, und meine Säu henter mir – dô verleb i äls meine schönste Stonde'!«

Der Name eines andern Originals, des Röhrle von Häfner-Neuhausen, wurde in Schwaben geradezu zu einem Symbol. Ein »Röhrle« – darunter verstehen wir einen anstelligen, strebsamen Menschen, der mehr kann als Brot essen. Das Urbild des »Röhrle« war Wirt in der genannten Ortschaft, aber erst in seinen späteren Tagen. Vorher diente er dem Kaiser Napoleon als tapferer Soldat. Er ist's – das hat sich nur noch nicht genügend in der Weltgeschichte herumgesprochen –, der dem Korsen half, seine Schlachten zu schlagen und seine Siege zu erringen, und zwar mit verblüffend einfachen Ratschlägen. Bei Austerlitz wäre es mit der Bataille beinahe »hott«

gegangen, weil nämlich der Kaiser Napoleon das Grimmen hatte und nicht mehr kommandieren konnte. Der Röhrle aber, nicht faul, geht her und flößt ihm ein Gläsle hausgemachten Heidelbeergeist ein. Die historische Wirkung steht im Lesebuch, es war die bekannte Sonne von Austerlitz! Man sieht, der Mythus rankt sich bereits um die Taten des Röhrle. Als ganz sicher aber ist verbürgt, daß Napoleon nach der Schlacht an der Moskwa zum Röhrle gesagt hat, er soll sich eine Gnade ausbitten. Das braucht es nicht, hat der Röhrle erwidert, er habe bloß seine verdammte Pflicht und Schuldigkeit getan. Und das wiederum hat dem Napoleon so imponiert, daß er ausrief: »Röhrle, Er ist ein Herrgottsackermenter!« und stante pede Schmollis mit ihm machte . . .

Die Streiche des Pfeffers von Stetten, des Spielmanns und Remstäler Eulenspiegels, kennt ganz Schwaben. Zeitlebens arm wie eine Kirchenmaus, aber immer trinkfreudig und voller Possen, zog er mit seiner Geige in der Gegend herum.

Als es ans Sterben ging, ließ er den Bürgermeister und den Pfarrer von Stetten zu sich rufen. Er war mit beiden übers Kreuz, und sie dachten nicht anders, als daß er endlich auf dem Totenbett bei ihnen abbitten wolle für alles, was er ihnen angetan. Sie kamen also. Da hieß er den einen links, den andern rechts neben sein Bett stehen, faßte beide bei der

Hand und sagte: »So ka's et fehle', jetz stirb i wia dr Heiland – zwische' zwoi Schächer!« Sprach's und verschied. Wenn du in die Gegend kommst, lieber Leser, dann vergiß nicht Stetten im Remstal! Es wächst dort nicht nur, wie der Schelm zu sagen pflegte, »der Pfeffer sechs Schuh hoch«, sondern auch ein weithin berühmter Wein.

Die Pfarrer, und zwar beider Bekenntnisse, stellen ein ansehnliches Aufgebot zum Heerhaufen der Überschwaben. Vom Pfarrer Flattich, dem »Sokrates unserer Tage« und »schwäbischen Salomo«, wie ihn seine Zeitgenossen im 18. Jahrhundert nannten, laufen heute noch Dutzende Geschichten im Ländle um.

Er verfuhr nach ähnlich volkstümlichen Erziehungsmethoden wie der Pfarrer von Mauren, Oberamts Böblingen. Dem gefiel es nicht, daß seine Bauern während der Predigt immer schliefen und schnarchten, und so donnerte er eines Tages von der Kanzel herunter: »In Christo Geliebte! Es wird einst kommen der Tag, da ich muß Rechenschaft ablegen beim Großen Gericht. Und der Herr wird mich fragen:

Pfarrer vo' Maure',
Wo sind deine Baure'?

Was werde ich antworten müssen? Da hilft kein Zittern und Zagen, da muß man raus mit der Farb', und so werde ich also auf euch, christliche Mitbrüder, hinweisen und sagen müssen:

Dort drübe' im Eck,
dô schnarchlet die Böck! – Amen.«

Ein bißle haben sie es alle mit dem Versemachen. Die Dichteritis ist eine weitverbreitete Krankheit bei den Schwaben. Glücklich, wen sie in der Jugend befällt! Im Alter wird sie unheilbar und treibt mitunter seltsame Blasen. Wie beispielshalber bei dem hochwürdigen Herrn Michael Jung, weiland Pfarrer in Kirchdorf an der Iller in Oberschwaben. Er lebte vor hundert Jahren. Die Natur hatte ihm die Gabe der wirksamen Rede versagt, dafür aber den Sinn für Poesie und eine wohltönende Stimme in die Wiege gelegt. Weil nun seine Leichensermone zu seiner tiefen Betrübnis nicht die gewünschte Wirkung taten, verfiel er darauf, man könnte sie vielleicht in Reime bringen. Ja, er tat noch mehr: er sang sie bei den Leichen am Grab und begleitete sich eigenhändig auf der Gitarre dazu. Die Wirkung soll groß und nachhaltig gewesen sein. Das darf man aufs Wort glauben. Zweihundert seiner gereimten »Lebens-, Leidens- und Todesgeschichten« hat er drucken lassen und im Namen der tragischen Muse Melpomene auf die Nachwelt gebracht. Mit der Genauigkeit eines Klinikers verzeichnen sie alle Symptome aller möglichen Krankheitsabläufe, mit der Ausführlichkeit eines amtlichen Protokolls erzählen sie von den örtlichen und zeitlichen Umständen eines Hinscheidens. Obschon wir die dazugehörigen, meist heiteren und volksliedmäßigen Melodien und den sonoren Baß ihres Sängers entbehren müssen, erfassen sie uns Spätgeborene kaum weniger stark als Jungs glückliche Zeitgenossen. Nur vielleicht anders ... In dem Grablied auf einen »vorzüglichen Schullehrer« heißt es:

Es bleibt uns nur der Trost, daß ihn
die höchste Schulbehörde
durch einen Mann von gleichem Sinn
und Werth ersetzen werde.

»Bei der Leiche einer Giftmischerin«, die um eines unsauberen Verhältnisses willen ihren Ehemann umgebracht hatte und deshalb um den Kopf kam, ruft Jung den Zuhörern die eheliche Treue ins Gewissen:

Sie konnte ihrem Sinnestriebe
sich auf erlaubte Weise weihn,
und in des Mannes Gegenliebe
und Treue wahrhaft glücklich sein.

Das Gegenbeispiel bot die »vortreffliche Sängerin Katharina Rittler«, die am Beginn ihrer Laufbahn in der Blüte ihrer Tugend starb, so daß der gute Pfarrer die Hinterbliebenen also trösten konnte:

Sie hätt' vielleicht auf dem Theater,
das oft der Sünde Gift versüßt,
die Herzensunschuld in zu spater
Verzweiflung schmerzlich eingebüßt,
so daß die Kolera sogar
für ihre Seele besser war.

Genug, genug! Es kommt nicht alle Tage vor und auch nicht überall, daß man sich zu einer Leiche mit vollem Recht »Viel Vergnügen!« wünschen kann. Und darum bekennen wir nicht ohne Stolz: auch Michael Jung war unser!

Hier gibt sich Gelegenheit, mein Versprechen einzulösen und von dem schwäbisch-portugiesischen Abenteuer zu erzählen. Natürlich handelt es sich wieder um eins mit den Musen. Personen sind: die besagten Damen, der portugiesische Dichter Luis de Camões (1524–1580) sowie verschiedene andere Poeten des lusitanischen Parnasses und der Tübinger Professor der Sprachwissenschaft Moriz Rapp. Spielt teils am Mondego in Portugal, teils am Neckar, da, wo er am schwäbischsten ist.

Rapp ist 1803 in Stuttgart geboren. Sein Vater, der Kaufmann G. H. Rapp, ein vielseitig interessierter, kunstliebender Mann, unterhielt nach allen Seiten literarische und künstlerische Freundschaften, bis nach Weimar zu Schiller und Goethe.

Kein Wunder, wenn es schon das Büble Moriz Rapp zu Literatur und Büchern hinzog. Später wurde ein hochbegabter Sprachforscher aus ihm, der viele dicke Wälzer schrieb, die heute kein Mensch mehr liest. Rapp liebte alle Sprachen und Dialekte, freilich auf seine Art: mit einer pedantischen grammatischen Leidenschaft, die sich nur für ihre physiologische und grammatische Struktur interessierte und die kulturelle und geistesgeschichtliche Seite völlig übersah. In zwei jedoch war er regelrecht verliebt: in sein Schwäbisch und ins Portugiesische. Dieses galt ihm als »das reizendste Idiom Europas«. Der Grund leuchtet jedem Schwaben ein: weil das Portugiesische die gleichen Nasenlaute aufweist wie unsre Muttersprache! Rapp ist diesen geliebten Lauten durch alle alten und modernen Sprachen nachgekrochen bis ins Sanskrit. Als Ergebnis stellt er triumphierend fest, daß nur die Leute am Neckar und die Leute am Tejo sich richtig und vollkommen auf die Kunst zu näseln verstünden.

Diese Liebe blieb nicht ohne Folgen. Und weil sie sich mit seiner Hinneigung zu den Musen überkreuzte, kam ein kurioser Wechselbalg zur Welt, einer mit schwäbischem Mund und portugiesischen Versfüßen! Rapp übersetzte nämlich die schönsten Sonette der klassischen portugiesischen Literatur ins

Schwäbische. Sechzig Stück! Er schreibt zwar selbst einmal: »Mer spielt kein Kuah-Reie' uf der Orgel und blôst au kein Choral uf der Schalmei.« Aber er hat sich an diese löbliche Erkenntnis nicht gehalten. Seine Freude darüber, daß die gut schwäbischen Wörter hao', tao', nao' usw. als hão, tão, não auch an den sonnigen Ufern des Mondego gelten, wenn auch in anderer Bedeutung, warf alle seine ästhetischen Grundsätze über den Haufen.

Um die Literaturkenntnisse meiner Leser aufzufrischen, setze ich zuerst ein Rappsches Sonett her, in dem er seinen Lieblingsdichter Camões vorstellt:

Aus Liabesflamme', Rose'n ond Schasmi'
wird r in Kriag gjagt gege' wilde Maure';
soll dr Poet uf Eolsharfe' laure',
muaß er im Feuer von Kartaune' steh'.

Ei'äugig kommt r heim; mr läßt e' geh';
dr Neid weißt selber net, ob rn soll daure'.
Er will im O'dank faul sich net vertraure':
Noch Indie' fort! Es Morge'land ist schö'!

Und Gottes Majestät dort hôt r priese';
heim kommt r krank; wird mr ehm endlich lohne'?
No' en Asyl zum Tod! r findet koi's.

Im Fiaber träumt r von noh schönre Zone'.
Dr Deaner drauße' bettlt: Portugiese!
Gebet en Almuase' for de' Kamoi's!

Und nun genießt die göttlichen Verse des schwäbisch schwätzenden Sängers der »Lusiaden!« Habt Mitleid mit ihm, der im fernen Macao unter Palmen aufs Chinesische Meer hinausträumt:

Uf ere' Kist am Indische' Ozea'
lehnt r am Schäferstab ond klagt de Fische'
sei' Loid; ond d Welle' brandet fort drzwische'
ond nemmet sich it um sein Kummer a' . . .

Eine ähnliche Metamorphose muß sich die Geliebte des Dichters Manoel Mathias gefallen lassen; im Handumdrehen macht Rapp aus der Lissaboner Schönen ein Schwarzwälder Baurenmädle:

E' göttlichs Lächle', e' Mündle von Rubi',
zwee Roihe' von de schö'ste Perle' ziarets,
en Engelsstimm, e' süaß gerundets Ki',
kurzum e' Himmelsbildle, und so füahrets
Ui selber aus! E' Köpfle, spröd wia Zi',
e' Leib wia Butter woich – jetz dô probiarets!

Die Klage des Dichters Bocage über den Niedergang des einst Indien beherrschenden Portugal sei in Rapps eigener Schreibweise wiedergegeben:

Os mechtig Goa will ioz nõiz me wisso
Fon unsrom bluot, des õist do bittro lõ

Dorfõ druog, und kõi õizgor hoimischor tõ
Forkindet dot me os reich dor Portugisso.

Vielleicht, o intelligenter Leser, hast du von unsrem Sprachkurs schon so viel profitiert, daß du das Gedicht in normales Schwäbisch übersetzen kannst. Wenn nicht, rate ich dir: Nimm das portugiesische Original zur Hand, du kommst leichter dahinter!

Nur einmal hat die schwäbische Sprache aufgemuckt, und zwar durch den Mund des Francisco Manoel, der ein Sonett mit den Worten beginnt:

Was i ond e' Sonett? Sell geng mr ab!

Rapp ließ seinen grammatischen Vogel noch in andern Mundarten zwitschern. Katalanische Sonette übertrug er ins Bayrische und Schillers Wilhelm Tell ins Schwyzerdytsche. Dem alten Aristophanes erging's nicht besser; seine Acharner mußten das griechische Gewand mit roten Bauernwesten und derben Bossen[1] vertauschen. Die provenzalischen Troubadours gar läßt Rapp die Damen ihres Herzens auf bayrisch, schwäbisch, fränkisch und schwyzerdytsch anflöten. Neckarluft weht auch in seinem Lustspiel »Der Student fon Coimbra oder de o'gleiche Schwestre'«. Wenn er behauptet:

[1] Bauernhalbstiefel.

Just so welschet am Mondego
braune Nymphe' portugiesisch,

so ist das stark übertrieben; die Redeweise der Schwestern und ihrer Kavaliere riecht beträchtlich nach dem abendlichen Tübinger Seufzerwäldle.

Mögen Camões und alle Heiligen des portugiesischen Himmels dem braven Mann verzeihen! Was er getan – er tat's aus Liebe zu »ihre siaße, waiche Na'se'tö!« Warum lächelt der Senhor Manoel Mathias? Was näselt er dem Kamoi's ins Ohr? – Ach so, er zitiert seinen Übersetzer Rapp:

O liaber Gott! bewahr ons vor em Monstrum
dr Glährsamkoit, sonst gôht mei' Tag omsonst rum!

15. Solang es Kraut ond Knöpfle' geit ...[1]

Nach solchen Strapazen des Geistes flüchten wir uns ins ganz Materielle, zum Essen und Trinken. Vielleicht täte manchem jetzt zuerst ein Schnaps oder so etwas Seelenstärkendes not; ich kann ihm aber nicht helfen. Wer sich einmal mit den Schwaben

[1] Für dieses und das folgende Kapitel verdanke ich wertvolle Hinweise in Theorie und Praxis meinem verstorbenen Freund Willy Widmann, dem als Zauberkünstler, Artistenfreund und Inhaber der früheren »Elsässer Taverne« weitbekannten Kenner und Könner vieler brotloser wie nahrhafter Künste.

eingelassen hat, muß sich auch der landesüblichen Reihenfolge bequemen. Und danach kommt, getreu unsrem Sprichwort »Liaber meh esse', als z wenig trenke'«, das Habhafte vor dem Flüssigen.

Das heißt, doch nicht so ganz. Wir gehen auch hier den goldenen Mittelweg: Die Suppe gehört als eiserner Bestandteil zu jedem schwäbischen Essen. Ihr verdankt der Suppenschwab seinen Namen.

Das enge Verwachsensein mit seinem Heimatboden, so haben wir festgestellt, sei das Hauptcharakteristikum des Schwaben. Auch seine Leibspeisen sind alle »erdgebunden«. Was dr Bauer net kennt, des frißt er net, sagen wir, und wirklich wächst und gedeiht alles im Ländle selbst, was wir zu unsern Leibspeisen brauchen: Mehl und Milch und Eier und Kraut und Speck. Damit läßt sich mehr Gutes machen, als die Kochschulweisheit manch verwöhnten Schleckers sich träumt. Zwar nichts Raffiniertes und Ausschweifendes, aber durch und durch solide Sachen, die nicht nur das Maul für Narren halten, sondern »batten«.

Die Spätzle' – auf dieses Wort hat der Leser doch schon lange gewartet! – die Spätzle' sind das Fundament unsrer Küche, der Ruhm unsres Landes, die Pièce de résistance des Schwabenspotts, das A und O der schwäbischen Speisekarte, der Prüfstein für die hausfrauliche Ehrbarkeit der Schwäbinnen und den Auslandsschwaben eine handfeste Stütze ihres

Heimatgefühls. Teilnehmer am Russischen Feldzug 1812 berichten, daß die württembergischen Regimenter selbst im weglosen Schnee des unendlichen Rußland nicht auf ihre Spätzle' verzichtet hätten. Kein guter Schwabe wird bezweifeln, daß zwischen ihrer tapferen und bis zuletzt disziplinierten Haltung, die auch Napoleon auffiel, und zwischen den Spätzle' ein ursächlicher Zusammenhang besteht. Geschulten Historikern dürfte der Nachweis nicht schwerfallen, daß schon jener tapfere schwäbische Ritter, der einst mit Kaiser Rotbart lobesam ins Heilige Land gezogen kam, ein Spätzlesbrett im Tornister gehabt habe. Auf jeden Fall steht fest, daß der Knöpflesschwab auf das berühmte Hasenabenteuer Häfen und Pfannen mitnahm, um seinen Gesellen jederzeit mit einer ordentlichen Portion Knöpfle' oder Spätzle' – denn das ist das gleiche – den Mut stärken zu können. Und daran tat er recht, denn sie kamen ja auch ins Badische. Ich habe dort einmal, kaum zwei Zugstunden von Stuttgart entfernt, Spätzle' gegessen – aus Heimweh, wie ich ehrlich gestehe –, aber ich tu's nimmer! Was bei uns eine rein rhetorische Frage ist: Was ist's, mache' mr Spatze' oder fresse' mr de' Toig so? – das nahmen die Leute im Badischen offenbar für zwei reale Möglichkeiten, und leider entschieden sie sich für die zweite ...

Spätzle'mache' ist eine uns angeborene Kunst, dem Fremden fast so wenig erlernbar wie unsre Sprache.

Trotzdem will ich hier ein gereimtes Rezept aus dem »Schwarzwälder Boten« von 1838 hersetzen, aus dem zugleich die vielseitigen Verwendungsmöglichkeiten der Spätzle' hervorgehen:

Das Lob der Schwabenspätzle'

O gehet hin zum Küchenmädchen,
wie sie den Teig zerklopft und rührt
und selben auf ein Spätzlesbrettchen
mit ihrem Spätzlesmesser schmiert!
Die Masse wird aus Mehl und Eier
mit lauem Wasser angemacht,
die Schwabenspätzle' sind nicht teuer,
was ihren Werth noch größer macht.
Das Wasser sprudelt in der Pfanne[1],
das Mädchen schneid't sie flink hinein,
klein, hart, in Länge einer Spanne –
so müssen Schwabenspätzle' seyn!
Sie werden, wenn sie sich entfalten,
mit einem Löffel aufgefischt
und in verschiedenen Gestalten
den Spätzlesfreunden aufgetischt.
Von allen Sorten miteinander
die beste ist in Rindfleischbrüh'!
Mit Speck und Kraut recht durcheinander –

[1] muß Hafen oder Topf heißen; der Dichter nahm die Pfanne bloß um des Reimes willen.

wo gibt's wohl eine Speis' wie die?
Geröste Spätzle' – saget Schwaben,
mit Eiergelb so schön geschmückt,
wer sollte Appetit nicht haben,
wenn er sie auf dem Tisch erblickt?
Bei sauren Saucen aller Arten
von Kalbfleisch, Fröschen[2] oder Fisch,
bei eingemachten Wildbretsbraten –
wer liebt nicht Spätzle' auf dem Tisch?
Geschmälzt sind sie nicht zu vergessen
bei Erbsen, Linsen und Spinat,
sie sind ein allerliebstes Essen
und delikat auch beim Salat.
Die sauren Spätzle', die der Bauer,
mit Essig eingerührt, genießt,
sind eine Speise, die die Trauer
dem Volk zur Fastenzeit versüßt.
Die Spätzle', in der Milch gekochet,
sind leider! oft kein Lieblingsschmaus,
doch wenn der leere Magen pochet,
so füllen sie die Falten aus . . . usw.

Eine annähernd gleiche Bedeutung wie den Spätzle' kommt dem Kraut zu. Auch hier gibt die große Zahl von Sprichwörtern den Maßstab ab für die innige Wertschätzung, die es genießt: s ist noh Kraut im

[2] muß natürlich Froschschenkel heißen; ich betone das, um böswilligen Auslegungen vorzubeugen.

Hafe' (= es ist noch Vorrat da). – Kraut füllt de Baure d'Haut. – Besser e' Laus em Kraut as gar koi' Floisch. – Geduld überwindet Sauerkraut. – Die Liebe ist wie Sauerkraut, wohl dem, der sie gesund verdaut. – Friß Kraut, sagte die Frau zur Magd, so sitzt dir der Rock wohl. – So en Kerle wia di friß i uf em Kraut. – Dô hoaßts au: laß mi meine Küachle' in deim Schmalz bache', nôh därfst (darfst du) dein Speck' in meim Kraut siede'. – Dô ben i au mit List dezua komme' wia selle Bäure zum Kraut: dui hôt zaerste' de' Some' (Samen) kauft, nôh d Setzling und zletzte' d Häuptle'. –

Man darf unser schwäbisches Sauerkraut nicht mit irgendeinem Weißkohl oder Sauerkohl verwechseln, es ist anders und – besser. Und von diesem besseren wieder das beste gedeiht auf den Fildern, der fruchtbaren Hochebene im Süden von Stuttgart. Filderkraut! Wem bei deinem Namen nicht das Herz aufgeht, wie eine »teige Nudel«, und wen, er mag sein, wo er will in der weiten Welt, am Orinoko oder bei den Kamtschadalen, wen da nicht das Heimweh überfällt, der ist kein rechter Schwab! – Seit Jahrhunderten wird es auf den Fildern gezüchtet, und zwar nicht in runden Köpfen, sondern als »spitzige Häuptle'«. Ihr Kraut sei, so sagen die Filderbauern, ungeschmälzt so gut wie anderes geschmälzt. Tatsächlich hat sich das Filderkraut die Welt erobert und nicht wenig zur Mehrung des schwäbischen Ansehens beigetragen. Bis nach Amerika wird es verschickt.

Wiewohl man heute das Sauerkraut fertig eingemacht im Laden kaufen kann, so möchte ich doch das alte gute Hausmacherrezept angeben, nach dem bei uns auf dem Land noch überall verfahren wird. Man bohrt von den Krauthäuptchen den Strunk heraus, entfernt die äußeren Blätter und hobelt die Häuptle' fein. Dann legt man das Kraut, schichtweise mit Salz bestreut, in die sauber gereinigte Krautstande (aus Holz oder Steingut) und stampft es mit dem Stempfel (Mörser) fest, bis es schäumt. Obenauf legt man ein weißes leinenes Tuch, darauf einen Holzdeckel, der mit einem ordentlichen Pflasterstein beschwert wird, so daß das Kraut unter der sich bildenden Flüssigkeit gehalten wird. Nach etwa dreiwöchigem Stehen im Keller ist das Kraut fertig. Es empfiehlt sich, beim Herausholen jedesmal das Tuch, den Deckel und den Stein gründlich abzuwaschen, vor allem aber ist darauf zu achten, daß die Brühe immer über das Kraut geht, da es sonst verdirbt.

Unser Sauerkraut hätten wir nun im Keller. Aber der Mensch lebt nicht von Kraut allein. Es gehört auch Schweinernes dazu. Kraut muß, wie man sagt, »säuisch gekocht und sauber verrichtet« sein. Am besten schmeckt es zur Metzelsuppe. Was das ist? Ludwig Uhland soll es sagen, der ja nicht bloß für das gute alte Recht, sondern mannhaft auch für das gute neue Sauerkraut eintritt:

Metzelsuppenlied

Wir haben heut nach altem Brauch
ein Schweinchen abgeschlachtet;
der ist ein jüdisch ekler Gauch,
wer solch ein Fleisch verachtet.
Es lebe zahm und wildes Schwein!
Sie leben alle, groß und klein,
die blonden und die braunen!

So säumet denn, ihr Freunde, nicht,
die Würste zu verspeisen,
und laßt zum würzigen Gericht
die Becher fleißig kreisen!
Es reimt sich trefflich Wein und Schwein,
und paßt sich köstlich Wurst und Durst;
bei Würsten gilt's zu bürsten.

Auch unser edles Sauerkraut,
wir sollen's nicht vergessen;
ein Deutscher hat's zuerst gebaut,
drum ist's ein deutsches Essen.
Wenn solch ein Fleischchen weiß und mild
im Kraute liegt, das ist ein Bild
wie Venus in den Rosen.

Und wird von schönen Händen dann
das schöne Fleisch zerleget,
das ist, was einem deutschen Mann
gar süß das Herz beweget.
Gott Amor naht und lächelt still
und denkt: »Nur daß, wer küssen will,
zuvor den Mund sich wische!«

Ihr Freunde, tadle keiner mich,
daß ich von Schweinen singe!
Es knüpfen Kraftgedanken sich
oft an geringe Dinge.
Ihr kennet jenes alte Wort,
ihr wißt: es findet hier und dort
ein Schwein auch eine Perle.

Ja, die Metzelsuppe ist ein Fest; selbst die geschäftige Großstadt konnte den gehobenen Charakter eines Schlachttages nicht ganz verwischen. Wo du an einem Wirtshaus im Ländle das Schild »Heute Metzelsuppe« hängen siehst oder auf dem Land ein paar Schweinsblasen über der Türe, da geh hinein und laß dir's schmecken! Ob du zwar die obligate Wurstsuppe magst, weiß ich nicht (sie erinnert ein bißchen an die berüchtigte Schwarze Suppe der Spartaner!) – aber was dir nachher aufgetragen wird, schmeckt dir bestimmt: Kraut, Kesselfleisch, Leber- und Blutwürste. Erst wenn du an einer schwäbischen Metzelsuppe teilgenommen hast, kannst du sagen, daß dir nichts Schwäbisches fremd sei. Und ohne Zweifel wirst du dann begeistert einstimmen in die Sauerkrautarie des Königs Herodes, die uns Weitzmann in seinen »Heiligen Drei Königen« überliefert hat:

Wenn i us meim Ministere
z Obed um e' Fai'fe gang,
ond beim Aehstands-Miserere
Trüabsal blôs ond Grille' fang,
schleich i en mei' Ofe'sitzle,
lupf de' Deckel uf e' bitzle
ond schmeck a' meim gwärmte' Kraut!

Übrigens halten wir Schwaben es alle so wie der König Herodes: je öfter man das Kraut aufwärmt, desto besser schmeckt es. Wer's nicht glaubt, probier's!

Nachdem wir nun die beiden Grundpfeiler, auf denen die schwäbische Küche ruht, erörtert haben, versteht sich die tiefe Wahrheit des Verses, dessen erste Hälfte unserc Kapitelüberschrift bildet, von selbst; in seiner Gänze lautet er so:

So lang es Kraut ond Knöpfle' geit,
so lang verderbet d Schwôbe' it!

Es wird aufgefallen sein, daß gerade diese Materie das poetische Brünnlein unserer Dichter besonders kräftig fließen läßt. Ich könnte noch viele Verse zitieren, die dankbar die Gottesgabe eines guten Essens preisen. Doch fürchte ich, böse Menschen möchten darin weniger unser poetisches Gemüt erkennen als die Bekräftigung des uralten Vorwurfs, wir Schwaben hätten zwei Mägen, aber kein Herz. Darum genug! Die Praxis hat das Wort.

Spätzle'

»Man nehme« ein Pfund Mehl, zwei bis drei Eier, einen Viertelliter Wasser, etwas Salz und rühre daraus einen dicken, zähen Teig so lange, bis er glatt wird und Blasen wirft. Nun streicht man einen Teil des Teigs auf das Spatzenbrett (ein kleines viereckiges Brettchen mit Handgriff) und schabt mit einem Holzmesser (zur Not tut's auch ein Messerrücken) möglichst schnell und möglichst gleichmäßig dünne Streifen in den Topf mit kochendem Salzwasser. Von Zeit zu Zeit taucht man Brett und Messer in das kochende Wasser, dann geht es leichter. Wenn die Spätzle' oben schwimmen, fischt man sie mit dem Schaumlöffel heraus und legt sie in einen zweiten Topf mit lauwarmem Salzwasser. Dann wird das Brettchen neu mit Teig bestrichen und die Schaberei fortgesetzt, bis der Teig verbraucht ist. Zuletzt nimmt man die Spatzen aus dem Wasser, läßt sie abtropfen und schmälzt sie in der Schüssel mit Butter, Semmelbröseln oder angebräunten Zwiebeln.

So ißt man sie zum Sauerkraut, zu Rauchfleisch mit Linsen, zum Schlachtbraten, zu Wild, zu Erbsen und Bohnen, zu Pilzen – eigentlich ißt man sie zu allem.

Geröstete Spätzle'

»Gröschte«, wie wir sagen. Dazu müssen sie getrocknet und fest sein. Man röstet sie mit Butter, bis sie gelb sind, und zwar in einer dicken schwarzen Pfanne. Dann gießt man zwei in einer Tasse zerschlagene Eier darüber, schwenkt alles gut durcheinander und brät sie – je nach Geschmack – stärker oder leichter an. Zu »gröschte Spätzle'« gehört grüner oder gemischter Salat.

Saure Spätzle'

Man röstet ein bißchen Mehl und gehackte Zwiebeln in Butter braun, löscht mit Fleischbrühe, etwas saurem Rahm und Essig ab und würzt mit einem Lorbeerblatt und einer Nelke. Das läßt man nun aufkochen. Wenn die Sauce sämig geworden ist, gießt man sie über die Spätzle' und läßt noch einmal aufkochen. Schlecker fügen noch dünn geschnittene Gurkenscheiben hinzu. Beim Essen muß man es dabei wie die Schwaben halten:

Mit dr Gabel ist's e' Ehr,
mit em Löffel kriagt mr mehr!

Gaisburger Marsch

Vielen Schwaben das Höchste! Dazu braucht man Spätzle, Ochsenfleisch, Fleischbrühe und Kartoffeln. In der Fleischbrühe kocht man würfelig geschnittene Kartoffeln weich. Darauf kommt die gleiche Menge (nicht zu wenig!) Spätzle' hinein sowie das ebenfalls in kleine Stückchen geschnittene Ochsenfleisch. Alles zusammen läßt man noch einmal aufkochen, gießt es in die Suppenschüssel und schmälzt es mit in Butter gebräunten Zwiebeln.

Gaisburger Marsch ist ebenso schmackhaft wie nahrhaft; wenn er richtig geraten ist, muß man beim Essen schwitzen.

Flädle'

Das sind dünne Eierkuchen, die in einer mit Speck ausgeriebenen schwarzen Pfanne gebacken werden. Der Teig, aus Mehl, Milch und Eiern angerührt, muß dünnflüssig sein und in der Pfanne gleichmäßig dünn verteilt werden.

Essen kann man Flädle' als Beilage zum Gemüse (zu Blumenkohl, Spargeln, Spinat, grünen Erbsen, Karotten usw.); oder mit einer Fleischfülle zu Salat; oder mit »Gsälz« (Marmelade) gefüllt als Süßspeise.

In schmale Streifen geschnitten und in Fleischbrühe mit viel Schnittlauch versenkt, ergeben sie die bekannte Flädlesupp', die auf keiner Bauernhochzeit fehlen darf.

Maultaschen

Die hat ein Bekannter von mir einmal in einem Hamburger Restaurant als »Mundtaschen – schwäbische Spezialität« wiedergefunden. So fein sind die Hamburger!

Wir wellen einen weichen Nudelteig dünn aus, und zwar auf einem mit Mehl bestäubten Brett, damit er nicht hängenbleibt. In diese dünnen Kuchen wickeln wir nun die vorher bereitete Fülle so ein, daß lange Streifen entstehen. Dann schneiden wir von dieser flachen Wurst schräge Vierecke ab (sie dürfen größer sein als ein Maulvoll, da sie nicht auf einmal verschluckt werden sollen!) und kochen sie in Salzwasser. Man ißt sie mit Butter und braunen Zwiebeln abgeschmälzt oder in der Fleischbrühe.

Die Fülle: vier in Wasser aufgeweichte und ausgedrückte Wecken, drei Vierling gebratenes, durchgetriebenes Schweinefleisch, fünf Eier, eine in Butter gedämpfte Zwiebel, Salz und Pfeffer, Muskatnuß, Petersilie und ein Pfund fein gewiegten und angedämpften Spinat. Tüchtig durcheinander zu mengen!

Sauerkraut

Muß in einem irdenen Topf mit Wasser zugesetzt werden. Je älter das Kraut ist, desto mehr empfiehlt es sich, es vorher rasch durch kaltes Wasser zu ziehen, auszudrücken und zu verzupfen. (Vorsicht mit Salz! Beim Schweineschmalz ist es nicht so nötig.) Zwei bis drei Stunden zugedeckt kochen lassen, möglichst zusammen mit einem Stück »Bauchläpple« (grüner Speck) oder Rauchfleisch. Man kann das Kraut mit einer Mehlschwitze mit Zwiebeln binden, hüte sich aber, des Guten zuviel zu tun, sonst gibt es einen widerlichen Mehlpapp. Auch ein paar Wacholderbeeren gehören von Rechts wegen hinein; und – wenn man ein übriges tun will – ein halbes Glas Weißwein kurz vor dem Anrichten.

Warmer Zwiebelkuchen

Eine schwäbische Herbstspezialität, die am besten um die Kirbe herum gedeiht. Man läßt einen nicht zu festen Vorteig an, der in der Wärme »gehen« muß. Dann verarbeitet man damit die dreifache Menge Mehl, zwei Eier, Butter, etwas Salz und Milch, wellt den Teig etwa einen halben Zentimeter dick aus und setzt ihn auf ein mit Butter bestrichenes und mit Mehl bestäubtes Kuchenblech. Der Rand des Teigs wird ringsum in die Höhe gedrückt.

Nun schneidet man sechs bis acht Zwiebeln in Scheiben, dämpft sie in Butter und bindet sie mit einem Eßlöffel Mehl, mit Rahm (oder Milch), zwei geschlagenen Eiern und etwas Salz. Diesen Brei trägt man auf den Teig gleichmäßig auf und streut feingeschnittene Speckstückchen mit etwas Kümmel darüber. Ist der Kuchen im heißen Ofen beinahe fertig, so gibt man einen Guß aus Rahm und verquirltem Eigelb und Salz darüber und backt ihn fertig. Er muß geflammt braun herauskommen und warm gegessen werden. Zum Zwiebelkuchen gehört neuer Wein. Die Folgen hat man sich selbst zuzuschreiben . . .

Springerle'

Ein Weihnachtsgebäck. – Das Weiße von vier Eiern schlägt man zu steifem Schnee, rührt ihn mit den Eigelb und einem Pfund Zucker dreiviertel Stunden, gibt dann etwas geriebene Zitronenschale, eine kleine Messerspitze Hirschhornsalz und ein Pfund Mehl dazu. Dann muß der Teig auf dem Nudelbrett so lange bearbeitet werden, bis er zart ist, worauf man ihn eine Stunde kalt stellt, dann auswellt und in die mit Mehl bestäubten Springerlesmodel drückt. Die abgeteilten Stücke schneidet man auseinander und setzt sie auf ein mit Butter geschmiertes und mit Anis bestreutes Kuchenblech. Die Springerle' bleiben über Nacht stehen und werden anderntags in einem nicht zu heißen Ofen gebacken.

16. Vom Schiller und von andern Geistern

»Ein Wirtemberger ohne Wein,
kann das ein Wirtemberger seyn?«
Schiller

Der Schiller unsrer Überschrift und der unsres Leitspruchs sind zweierlei. Beide entstammen zwar dem schwäbischen Boden und erfreuen sich im Ländle höchster Wertschätzung als geistige Größen. Aber während der eine die Grenzen der engen Heimat sprengte und kühn sich die Welt eroberte, behielten wir den andern für uns, so daß, wer sich an diesem Schiller feuertrunken machen will, zu uns kommen muß.

Überhaupt halten es die Schwaben mit ihren Weinen heute noch so wie einst mit ihren Tugenden: sie dienen nur dem Hausbedarf. Daher kommt es, daß unsre schwäbischen Weine nicht selten das alte Schwabenlos erdulden müssen: draußen verkannt und lieblos beurteilt zu werden. Man könnte viele unserem Wein und unserem Volkscharakter gemeinsame Züge anführen: er ist nicht leichtsinnig, kein Blender, sondern hat es mehr in sich; er wirft sich nicht jedem Hergelaufenen aufdringlich an den Hals, sondern will verstanden sein, damit er seine Heimlichkeiten entfalte; er paßt nicht so recht in laute und oberflächliche Gesellschaft, läßt aber alle seine guten Geister spielen, wo Freunde in einer gemütlichen Ecke beieinander sitzen; er steigt weniger zu Kopf, als brennt tief im Geblüt. Kurz, unser Wein paßt zu uns, und wir passen zu ihm.

Es wird bei uns viel Wein getrunken, mehr, als gebaut wird. Und es wird viel gebaut. Am meisten Schiller, der etwa die Hälfte des gesamten Weinherbstes ausmacht. Man gewinnt ihn aus dem gemischten Satz, das heißt aus blauen und weißen Trauben, die zusammen gepflanzt, gelesen und gekeltert werden. Er hat eine blaßrote bis hellrote einladende Farbe und etwas Spritziges, Süffiges in sich. Der Rote, ungefähr ein Drittel der Ernte, gedeiht in guten Lagen und Jahrgängen zu einem Wein, der es mit den besten fremden aufnehmen kann, so fruchtig, kernig und feinblumig ist er. Der Rest besteht aus Weißem; ich weiß aus Erfahrung, daß ihn schon mancher Fremde für einen französischen grand vin getrunken hat – solange er nicht wußte, daß er auf schwäbischem Boden gewachsen war. Roter oder Weißer? Das bleibt Geschmackssache, unter beiden gibt es Spitzenweine und – der Wahrheit die Ehre! – Rachenputzer. Man soll, wenn man sie durcheinander probiert, paritätisch verfahren, sonst kann es »schief« gehen. So legte einmal einer mit einem Viertele Roten den Grund, setzte ein Viertele Weißen darauf, kehrte dann reumütig zum Roten zurück, um es danach doch noch einmal mit dem Weißen zu probieren. Da er noch immer nicht heraus hatte, welches der bessere sei, bestellte er hinterher wieder ein Viertele Roten »zum Vergleich«. Macht nach Adam Riese drei Viertele' Roten und einen Schoppen Weißen, und das heißt auf schwäbisch schief geladen. Darum zog es den Mann auf dem Heimweg bald nach rechts und bald ein bißle nach links, aber, wie gesagt, mehr nach rechts hinüber. Eine Weile ließ er das mit sich machen, als es aber gerade wieder einmal haarscharf am rechten Straßengraben vorbeigegangen war, sagte er mit erhobenem Zeigefinger: »Jetz gilts! Weißer, wehr de, dr Raot wurd Moaster!«

Wein gibt es im Neckarland und in den Seitentälern, in Stuttgart und drum herum und vor allem im ganzen Unterland. Der Wein ist's, der das Bild der niederschwäbischen Landschaft bestimmt, der sie so kultiviert, so gärtnerisch, so heiter erscheinen läßt. Ein Fluß im Tal und Obstgärten, aus denen spitze Kirchtürme und braune Dächer lugen; an den sonnigen Muschelkalkhängen und roten Keuperhügeln Weinberge, deren Stützmauern und Terrassen mitschwingen im Rhythmus der Hügelformen, deren Staffelreihen senkrecht hinansteigen ins Blaue hinein, das ist das Bild des schwäbischen Weinlandes. Wer es erlebt, etwa an einem silbernen Septembertag, wenn das Laub an den Weinstöcken zu gilben anfängt, die Apfelbäume schier brechen wollen unter ihrem Segen und ein Himmel aus blauer Seide sich über Tal und Hügel spannt, der hat den Süden gesehen, ohne die Alpen überstiegen zu haben. Das ist die rechte Zeit zu einer Schwabenreise.

Der »Herbst« ist nahe. Dreiviertel des Jahres waren Arbeit und Mühe das tägliche Brot des Wengerters; er hat gepfählt, gehackt, verbrochen, gebunden, gespritzt. Wenn aber das Wetter mitgetan hat, dann macht die Lese allen Schweiß wett, dann naht sie ihm als Fest. In den dämmerigen Keltern rumpelt und hallt es von Bottichen und Butten, quietschen und rasseln die Mühlen und Raspeln. Blumengeschmückt holpern Fuhrwerke mit Bottichen voller Trauben durch die Gassen, und von allen Höhen kracht's und böllert's, singt's und »juzgets«. Nicht efeubekränzt und mit wilden Panthertieren zieht der schwäbische Dionysos durch das Land, er naht im Duft des warmen Zwiebelkuchens mit Schweinernem und Kraut, und seine Mysterien feiert er am liebsten in den Besenwirtschaften.

Die grünen Tannenboschen, die fröhlichen Zeichen, daß hier »Neuer« ausgeschenkt wird, unmittelbar vom Erzeuger, stecken im Herbst in den Weingegenden ob vielen Haustüren. Die geräumigste Stube hat man mit Tischen und Bänken in eine Wirtschaft verwandelt. Es geht oft eng darin her, aber gerade diese Tuchfühlung der Gäste läßt die rechte Besenwirtschaftsstimmung aufkommen. Alles sitzt kunterbunt durcheinander, Männlein und Weiblein, »Sottiche und Sottiche«; man schwätzt miteinander, singt das Lob des »Neuen«, kommt auf die alten Zeiten zu sprechen, wo die Leute und der Wein noch besser waren, »tätschelt« auch ein bißchen, so »sie« es zuläßt, singt eins zwischenhinein und sieht vor Qualm und Behagen kaum mehr aus den Augen. Die Besenwirtschaft gehört zu den Urzellen der schwäbischen Demokratie, diese einfache, niedere Bauernstube kennt und anerkennt keinerlei Standesunterschiede. Auch vor dem Heidengott Dionysos sind alle Menschen gleich stark oder schwach.

Übrigens ist er nicht ganz harmlos, der »Neue«. Seine Süffigkeit täuscht über seine Teufelhäftigkeit hinweg, das hat schon mancher zu spüren bekommen, wenn er nach längerer Sitzung an die frische Luft trat und plötzlich die ganze Welt als Karussell sich um ihn drehte. In meiner Heimat strebte einmal einer vom »Neuen« seinem Haus an der Nekkarbrücke zu. Sein Weib sah ihn vom Fenster aus daherkommen und befürchtete offenbar Schlimmes, denn sie rief ihm zu: »Flore, mô witt (willst du) denn na' en deim Saurausch, laufst jô grad en Nekker nei'!« Da richtete sich der Florian auf, kerzengerade wie ein Stadtsoldat, und schrie in purstem Hochdeutsch, wie es viele Schwaben in gewisser Verfassung überkommt, zum Fenster hinauf: »Des verbitt ich mir! Ond überhaupt gôht di des en Dreck a', dr Dei' wurd au scho' mol oan ghet hao'!« Und einem Tübinger Gôgen, der es zur Zeit des »Süßen« einmal arg pressant hatte, rief sein Kamerad zu: »Karle, was springst denn so? Ma' moa't (meint) jô grad, du häbest Eilguat en de Hose'.« Soviel vom »Neuen«. Zu einem runden, vollen Charakter bringt es auch der Wein erst, wenn er ausgegoren und sich geklärt hat. Unsre schwäbischen Weine entwickeln dann, bei aller Gemeinsamkeit ihres Wesens, so verschiedene Eigenschaften, daß es eines eigenen Vokabulars bedarf, sie zu bezeichnen. Das Idiom der richtigen Weinzähne ist eine Geheimsprache, an der sich die Eingeweihten erkennen. Talent vorausgesetzt, braucht es jahrelange Hingebung, liebevolle Versenkung, um in der Beurteilung und Wertung des Weins jene innere Ausgewogenheit zu erwerben, die sich der Anfänger selbst um den Preis seiner äußeren nicht erkaufen kann.

Man muß es gesehen haben, wie so ein Weiser prüft und probiert. Es ist fast eine sakrale Handlung, alle vier oder fünf Sinne sind daran beteiligt. Zuerst hebt er das Glas gegen das Licht und mustert die Farbe – kein Malerauge sieht schärfer; dann zieht er in langem Zug den Duft in die kritische Nase, wobei sein Blick erlischt. Nun naht der Höhepunkt: feierlich und mit Bedacht schlürft er zwei, drei winzige Schlückchen, nimmt sie auf die Zunge, beißt und kaut sie wie etwas Festes und schluckt sie hinab. Darauf folgt ein größerer Schluck, dann ein Schnalzen mit der Zunge – damit auch das Gehör nicht zu kurz komme –, und jetzt erst ist das Urteil fertig. Es schwingt in ihm bei aller Sachlichkeit ein verhaltener Gemütston mit, es glänzt ein Schimmer von Poesie darin. Der Unverstand hört freilich nur die nüchternen Worte: »Dear ist reacht, i moi', bei deam bleibe' mr!« Und der so spricht, hält meist auch Wort ...

Laß dich nicht durch die natürliche Herbheit unsres Weins abschrecken, weinfroher Leser, sie ist das Köstlichste an ihm, gerade sie lieben wir. So wie er gewachsen ist, so wollen wir ihn trinken. Weg mit dem »geschmierten« und verschnittenen Zeug! Weinfälschen kommt für uns Schwaben noch vor dem Häuseranzünden und Pferdestehlen.

Um aber den Anschein zu vermeiden, wir Schwaben lobten unsern Wein bloß, weil er schwäbisch ist, rufe ich zum Zeugen für seine Güte den Mann an, der im Mittelalter am meisten zu unserem schlechten Ruf beigetragen hat, dem alles Schwäbische von vornherein lächerlich, läppisch und liederlich war, nur die schwäbischen Weine nicht. Ich meine Johannes Fischart. Er sagt in seiner Geschichtsklitterung: »Item der Elfinger, so die Finger und Bein ellenlang macht, der Beutelspacher, so die Beutel machet krachen, der Hebbacher geht glatt in Rachen, Rote Felbacher, Mönchberger, Beinsteiner, weiß und rot Wangheimer, die oft gut Vers helfen erdenken, wenn mans poetisch tut einschenken ...«

Stuttgart ist noch heute eine der größten Weinbaugemeinden des Landes, 650 Hektar der Groß-Stuttgarter Markung sind von Weinreben bedeckt. Ehe die aufstrebende Stadt die Hügel zu erklettern begann, reichten die Weinberge bis hinunter in den Talkessel. »Stuttgart liegt zwischen herrlichen Weinbergen und einem fruchtbaren Tal«, so heißt es in einer alten Beschreibung, »daher die Franzosen von dieser Stadt folgendes Sprichwort gemacht:

S' on ne cueilloit de Stutgard le Raisin,
la ville iroit se noyer dans le Vin.

Wenn man zu Stutgard nicht einsamlete den Wein
so würde bald die Stadt vom Wein ersäuffet seyn.«

Die Straßenbahnen auf die Höhen fahren an vielen Stellen durch Weingärten, ja, kaum ein paar Schritte vom Hauptbahnhof stehst du zwischen Wengertpfählen und Reben: am »Kriegsberg«. Merk dir den Namen, der »Kriegsberger« gehört zu den schwäbischen Spitzenweinen. Auch in der Nähe der bekannten Weißenhof-Siedlung – »Schwäbisch Marokko« geheißen – wächst an der »Mönchshalde« ein anständiger Tropfen.

Aus der näheren Umgebung empfehle ich dir den »Cannstatter Zuckerle«, den Fellbacher »Lämmler«, den »Uhlbacher« und den »Untertürkheimer«. Daß auch der Rote Berg, der einst die Stammburg der Württemberger trug, mit Wein bestockt ist, versteht sich von selbst.

Nun nimm eine Karte von Württemberg zur Hand und mache unter die Orte, die ich dir nenne, einen dicken roten Strich, als Mahnzeichen für deine künftige Fahrt ins Ländle, wo du anhalten und einkehren sollst, oder als Stütze für dein Gedächtnis, wenn dir auf schwäbischen Weinkarten diese Ortsnamen begegnen. Wir wollen dabei, was die Grenzziehung zwischen Schwäbisch und Fränkisch betrifft, nicht engherzig sein. Frankenwein – Krankenwein, Neckerwein – Schleckerwein, sagt ein altes Sprichwort. Also unterstreiche im Neckartal: Mundelsheim (»Käsberg«), Besigheim-Walheim (»Schalkstein«), Kirchheim (»Hohenstein«), Heilbronn (»Stiftsberg«, »Nordberg«, »Hundsberg«, »Rieth«, »Lerchenberg«, »Stahlbühel«), Neckarsulm (»Scheuerberg«).

Im Remstal: Korb (»Weißlen«), Stetten (»Stetteiner Brotwasser«), Schnait, Klein-Heppach (»Greiner«), Neustadt (»Haufler«).

Ferner: Weinsberg, Klein-Bottwar, Roßwag an der Enz, Maulbronn (»Elfinger«), Stockheim im Zabergäu, Verrenberg, Bezirk Öhringen, Ingelfingen am Kocher und im Taubergrund Weikersheim.

Damit habe ich freilich noch lange nicht alle guten württembergischen Weine genannt, noch nicht einmal alle besten. Der Rest sei deiner Entdeckungsfreude überlassen! Solltest du dabei an jene geraten, die im Ländle zu allerlei Neckereien und Witzen herhalten müssen, so wirst du bald merken, daß sogar sie besser sind als ihr Ruf. Ich meine den Reutlinger, Pfullinger, Tübinger und ähnliche räße Sorten.

Vom Reutlinger geht die Sage: Als Prinz Eugen nach seinen Türkensiegen das Ländle bereist habe und auch nach Reutlingen gekommen sei, hätten ihm die Reutlinger einen Ehrentrunk aus eigenem Gewächs gereicht. Der Prinz habe einen Schluck genommen, aber die Kanne gleich wieder abgesetzt. Er habe nach Luft gerungen, sich geschüttelt und gesagt: »Brr! Lieber noch einmal Belgrad einnehmen, als einen Schluck Reutlinger!« – So erzählen es wenigstens die Tübinger. Aber die schickten den ihren, wenigstens »den ganz bitteren, alljährlich pflichtgemäß in die Hofapotheke nach Stuttgart, wo er als Arznei Verwendung fand«. Die Wengerter der beiden Nachbarstädte liegen sich seit Urzeiten wegen der Qualität ihrer Weine in den Haaren. Sagt der Reutlinger: »Send noh ihr still, uier Wei' reißt oim jô e' Loch en Mage'!«, so gibt der Tübinger zurück: »Ond der uier ziahts oim wieder zeeme' (zusammen)!« Ähnliche Wirkung schrieben die Ulmer dem Söflinger Wein zu, denn sie gebrauchten ihn beim

Bau ihres Münsters zum Mörtelanmachen, weil er so sauer sei, daß er die Steine in der Mauer zusammenziehe. Angesichts solcher »Rachenputzer«, solcher »Semse'krebsler« und »Krabbe'gautscher« drängt sich die Vermutung auf, es müsse ein Reutlinger oder Tübinger gewesen sein, von dem man erzählt: es habe einmal ein Schwabe in Italien Lacrimae-Christi-Wein getrunken, und weil er ihm so geschmeckt, den Wirt gefragt, wie man den herrlichen Wein heiße. »Gottes Tränen«, habe dieser erwidert, worauf dem Schwaben der Seufzer entfahren: »O du liabs Herrgöttle, môrôm hôst net au en onserem Ländle gheulet!«

Was dem Bayern sein Bier, das ist dem Schwaben sein Most. Früher war es der Wein. Heute bleibt er, wenigstens bei unsern Bauern, den besonderen Gelegenheiten, dem sonntäglichen Wirtshausbesuch, den Taufen, Hochzeiten usw. vorbehalten. Wenn Not an Mann ginge, ließe sich sogar darauf verzichten. Nicht aber auf den Most. Ein schwäbisches Bauernhaus ohne Mostfaß – ich glaube nicht, daß es das gibt. Der Most, der vergorene Saft aus Äpfeln und Birnen (plus Wasser), ist der Haustrunk in Stadt und Land. Und unsre Bauern lassen es sich nicht nehmen, der Most sei die Quelle ihrer Kraft, nur ihm sei es zu verdanken, daß sie jahraus, jahrein so wetterfest und so fleißig schaffen können.

Bei einem des verhältnismäßig starken Getränkes

Ungewohnten wird er wahrscheinlich anders wirken. Der Fremde wird ihn sauer finden, und anstatt die Arbeitslust zu erhöhen, wird der Most ihn matt und müde machen. Wenn er aber einen ordentlichen Ranken Schwarzbrot und einen Backsteinkäs – er darf ruhig schon »laufen« – oder ein Stück geräucherten Speck dazu ißt, so kommt er bei diesem schwäbischen Vesper vielleicht doch auf den Geschmack.

Womit wir sonst noch aufwarten können? Mit Kirschen-, Zwetschgen- und Heidelbeergeist, mit Träubleswein und natürlich auch mit Bier. Und trotzdem sind die Schwaben die nüchternsten Leute von der Welt. Ein gelegentlicher Balle', ein Ballo', ein Brand, ein Dambes, ein Dampf, ein Dullo, ein Dusel, eine Fahne', ein Glanz, eine Latt, eine Säure, ein Spitz, ein Zacke' oder ein Zopf – das sind nur die Ausnahmen, die ja bekanntlich die Regel erst bestätigen.

Nihil quod bibi potest, a se alienum putat, sagt ein Sprichwort vom Schwaben, nichts Trinkbares ist ihm fremd. Stimmt, aber Alkoholiker ist er nicht. In einer Abstinenzlerversammlung wetterte ein Professor gegen den Alkohol. »Reacht hôt r«, stimmte ein Zuhörer bei, »was brauchet mir dean Alkehol, mr hend doch onseren Most, onseren Wei ond onser Bier!«

17. Vom Feiern und Festen

»So, machst Kolender? nôh mach au reacht Feitig (Feiertage) nei'!«

So sagt man zu einem, der gedankenverloren dasitzt. Zwar sind die Schwaben nicht gerade besonders festfreudige Leute, dazu ist das Ländle nicht reich und ihr Blut nicht leicht genug. Aber was sein muß, muß sein. Man kann nicht tagaus, tagein fortschaffen und wuhlen, es muß auch Tage geben, an denen man den Werktagskittel mit dem »Sonntigshäs« vertauscht, sich des Erworbenen freut und dem Himmel dafür dankt. Feiertage unterscheiden den Menschen vom Arbeitstier. »Was woiß e' Kuah, wenns Sonntaig ist, ma' geit ehr jô koi' frisch Hemmed«, sagt das Sprichwort, oder: »Was woiß e' Ochs, daß Feitig ist, r moi't halt, s sei e' Reage'tag.« Stärker als der Werktag mit seinem Zwang zu rationellem Arbeiten, zum Zeitausnützen und zum Neumodischsein, erinnern sich die Fest- und Feiertage der alten Sitte, und so haben sie manch schönen Brauch bewahrt.

Wenn die Hebamme aus dem »Kindlesbrunnen« ein Brüderlein oder Schwesterlein heraufgeholt hat, dann hebt im Haus der Kindbetterin ein eifriges Kommen und Gehen an. Nachbarsleute, Bekannte und natürlich die ganze »Freundschaft«, wie man in Schwaben die Verwandtschaft heißt, stellen sich ein, um zu gratulieren, das »Pfetsche'kendle« zu besehen, zu bewundern, festzustellen, wem es gleichsieht, und der Kindbetterin gute Ratschläge und die Kindsbettschenke zu geben. Die Gevattersleute, also der »Döte« oder »Götte« und die »Dóte« oder »Gotte«, strengen sich dabei besonders an: acht bis vierzehn Tage lang schicken sie der Wöchnerin das Mittagessen ins Haus, leichte Hühnersüpple', gebratene Göckele', Kalbsbrätle', Weinsaucen, habhafte Sachen eben, daß sie wieder zu Kräften kommt. Es heißt drum:

Gvatterschaft, des ist e' Ehr,
aber macht de' Beutel leer.

Der eigentliche Festtag ist die »Täufe«. Man schiebt sie nicht gern lang hinaus, weil über ungetaufte Kinder die Hexen Gewalt haben und weil sie, wenn sie in diesem Zustand sterben, mit dem Muotesheer ziehen müssen. Beim Taufzug kommt zuerst die Hebamme mit dem Kind und die »Dote« in ihrem besten Staat; hintendrein der Vater und der »Döte« im Zylinder und mit dem langen schwarzen »Gvatterma'srock«. Wenn's ein Bub ist, knallen dabei Böller und Pistolen, was den Vater ein Fäßlein Freibier für die Schießer kostet. Bei Mädchen läßt man es oft bleiben; sie seien keinen Schuß Pulver wert, kann man gelegentlich hören. Wieder ein

Zeichen der Überbetonung, ja Überschätzung des »Männlichen« im Schwäbischen.

Beim nachfolgenden Taufkaffee gibt es Kaffee, mürben Kuchen, Gugelhopf, Kranz, auch Wein und manchmal sogar »Schokladkaffee«, das ist Kakao. Das herkömmliche Geschenk des »Döte« an sein Patenkind besteht in einem silbernen Löffel. Ob zwischen diesem Brauch und den alten Neckereien, wonach ein neuer Löffel einen Schwaben »sowohl als ain schöne Straußfedern zieret«, und wonach die Schwäbin ihr Kind zu schwaigen pflegt, indem sie ihm einen Löffel zeigt, weiß ich nicht. Daß aber bei einem schwäbischen Festessen von diesem Instrument ausgiebig Gebrauch gemacht wird, das kann ich nicht leugnen.

So hôt ber Täufe älls sein Spaß,
bloß s Kendle – des hôt naß!

*

Liebesleute suchen das Geheimnis ihres Glücks möglichst lange zu wahren. Wenn sich aber ein junger Mann mit seiner »Bekanntschaft« öffentlich sehen läßt, etwa auf einer Hochzeit, dann wird es Ernst. Das heißt, wenn nicht die Eltern des einen oder andern Teils noch Schwierigkeiten machen. Denn die Liebe tut es nicht allein, sie müssen auch sonst zusammenpassen, sei's nach dem »Gsangbuch«, sei's nach dem »Sach«, so wie es das Sprichwort befiehlt: »Gelt, Vatter, mir Reiche nemmet enander«, hôt sell Mädle gsait, »de Arme sollets au so mache'.« Stimmt es aber nach allen Seiten, dann heißt es bald:

Wenns dir ist,
wias mir ist,
nôh gôht dr Gspaß a',
nôh wurst du mei' Weible,
ond i wur dei' Ma'.

Und eines Tages geht dann ein festtäglich gekleideter Mann mit Sträußchen am Rock und Stock im Flecken herum, klopft an die Haustüren und sagt sein Sprüchlein auf: »En Gruaß vom Brautpaar N. N. und sie lasset Euch uf d Haohzich lade' uf nächste Dienstag, zerst in d Kirch und nôch dr Kirch in ›Ochse‹. Wenn ses wieder wettmache' könnet, nôh wöllet ses au toa'!« So sagt der Hochzeitläder.

Am Hochzeitsmorgen ißt man vor dem Kirchgang im Haus der Braut die Morgensuppe. Kindespflicht und Sitte gebieten, daß die Braut beim Verlassen des Elternhauses weinen muß – man hält sie sonst für undankbar. Nun geht es im Zug in die Kirche. Voraus schmetternde Blechmusik, dann die Kinder aus der »Freundschaft«, die »Ga'sscheucher«. Darauf folgt das Brautpaar »per Arm«; er in schwarzem Anzug und Zylinder, ein Myrtensträußlein an der

Brust, sie im schwarzen Seidenkleid mit Myrtenkranz und weißem Schleier, in der Hand den Hochzeitsstrauß, das Gebetbuch und – wenn sie katholisch ist – das »Nuster«, den Rosenkranz. (Früher durfte eine Braut, die schon »ein Hufeisen verloren« oder »schon einmal gezahnt« hatte, weder Kranz noch Schleier tragen, und heute noch begnügen sich oft solche Bräute mit kürzerem Schleier und kleinerem Schmuck.) Hinter dem Brautpaar kommen, ebenfalls »per Arm«, die Brautführer mit den Brautjungfern, auch Gesellen und Gespielen genannt, dann die »Haohzichvätter« und »Haohzichmüatere«, die Freundschaft, die Nachbarn und Schulkameraden Das ganze Dorf nimmt Anteil. Je mehr Leute in de Kirche, desto größer die Ehre.

Bei der eigentlichen Trauungszeremonie muß das Brautpaar so eng nebeneinander knien, daß die Schultern sich berühren, »damit kein böser Hauch hindurch kann«. Oh, man muß überhaupt auf vieles achten: ob die Altarkerzen flackern oder ruhig brennen, ob während der heiligen Handlung eine Tür geht oder etwas zu Boden fällt – lauter Vorbedeutungen für das Schicksal der Ehe. Manchmal, so berichtet ein Pfarrer, entsteht beim Zusammengeben ein förmlicher Ringkampf der bräutlichen Hände: jedes will die seine obenhin bringen, weil dies die Herrschaft im Hause sichert. Auch muß die Braut am Altar weinen, sonst weint sie in der Ehe, wie es ja überhaupt heißt: eine lustige Braut – ein trauriges Weib, und umgekehrt.

Nach der Kirche geht es, wieder mit Musik, in das mit Tannenbäumchen geschmückte Wirtshaus. Die Musikanten nehmen auf dem Podium Platz und intonieren den Brauttanz. Das sind die ersten drei Tänze, die das Brautpaar allein tanzt (in manchen Gegenden steht auch dem Brautführer das Recht auf die ersten drei Runden mit der Braut zu). Dazu singen die Ledigen oft Scherzlieder, z. B.:

Du mußt mit, du mußt mit,
du magst wölle' oder it,
du magst heule' oder lache',
du ka'sts nemme anders mache',
du mußt mit, du mußt mit,
du magst wölle' oder it!

Zum Mittagessen bleiben nur die besonders dazu Geladenen. Natürlich sitzt in erster Linie die Freundschaft »in die« oder »an die Zeche«, wie man sagt. Bei der sprichwörtlichen schwäbischen Vetterles- und Bäsleswirtschaft kommt stets eine ordentliche Zahl zusammen. Die Speisenfolge ist durch uralten Brauch geheiligt; sie sieht im Oberland wohl etwas reichhaltiger aus als in Niederschwaben. Es gibt in der Regel: Butterknöpfles- oder Flädles- oder Nudelsuppe, Rindfleisch mit Beilagen, Sauerkraut mit

Kesselfleisch und Würsten, Kalbsbraten oder Bratwürste mit Salat und zum Nachtisch »Schotto« (Chaud'eau)-Sauce, Torte, Gugelhopf, Kranz. Der Wein fließt reichlich. Von den nicht kleinen Portionen des Essens wird, was man nicht zwingt, eingepackt und später nach Haus genommen. Früher stellte das Brautpaar seinen Gästen zu diesem Zweck besondere weiße Tüchlein zur Verfügung, heute muß es weißes Papier tun.

Nach dem meist einfacheren Nachtessen tut sich die Hochzeit auch für fremde Gäste auf. Für das Brautpaar ist damit der schönste Teil vorbei: es steht von jetzt an ununterbrochen an der Saaltüre und begrüßt die Ankommenden mit Handschlag und den Worten: »Freut me d Ehr!« Worauf diese gratulieren: »Waösch (wünsche) Glück zom Ehre'tag!«

In vielen Gegenden ist es üblich, »in die Schenke« zu sitzen. Das geht so vor sich: Braut und Brautführer setzen sich an den »Ehrentisch«, auf dem eine mit einem Teller zugedeckte Suppenschüssel steht. Nun beginnt die Musik zu spielen. Die Hochzeitsgäste treten nacheinander an den Tisch, legen ihre »Schenke« (meist eine bis zwei Mark) in den Teller, gratulieren der Braut, wofür sie sich mit einem Händedruck bedankt und den Teller umdreht. Indessen steht der Bräutigam draußen vor der Saaltüre, bedankt sich ebenfalls noch einmal für die »Ehr« und wünscht den weggehenden Gästen »Gute Nacht«.

Wo dieses »Schenke-Sitzen« nicht geübt wird, drückt man dem Bräutigam oder der Braut beim Verabschieden die Schenke in die Hand.

Wenn der Schwabe lustig ist, singt er traurige Lieder, sagt man, und es stimmt. Je trauriger, desto schöner! Unsre Volkslieder – ich brauche sie nicht aufzuzählen, man singt sie überall – kommen an solchen Tagen hoch zu Ehren. Aber auch besondere Hochzeitslieder erklingen, teils schöne alte, teils solche, die auf andere Weise schön sind. Der erste Vers einer Brautnacht-Schauerballade lautet zum Beispiel:

Heinrich schlief bei seiner Neuvermählten,
einer reichen Erbin von dem Rhein;
böse Träume, die ihn immer quälten,
ließen ihn auch heut nicht schlafen ein . . .

Auch das schmalzige Lied von den »Drei Tränen« erfreut sich großer Beliebtheit. Solchen Schmachtfetzen gegenüber wirkt das nachstehende Liedlein, mit dem oft dem Brautpaar »hinausgesungen« wird, erfrischend:

Jetz isch emôl richtig,
jetz isch emôl wôhr,
jetz send ehr mol gstande'
vor em Trau-Altôr.

Jetz bist du halt gheiret,
jetz bist du e' Ma',
jetz sieht di koi' ledigs
schö's Mädle maeh a'.

Jetz bist du halt gheiret,
jetz bist du e' Weib,
jetz siehst du koim ledige'
Mädle maeh gleich.

Von den Festen, die der Jahresablauf bringt, ist eines der allgemeinsten und ältesten die »Fasnet«. Wo die Tradition der alten Volksfasnacht abgerissen und erloschen ist, haben sich wenigstens die »Fasnetküchle«, ein in schwimmendem Schmalz gebackenes, überzuckertes Gebäck, erhalten.

Der neuere Karneval ist im Schwäbischen Importware, und man merkt ihm das an. Er konnte die echte alte Fasnet nicht überall verdrängen. Am wenigsten in den südlichen und südwestlichen Landesteilen, also da, wo das Schwäbische noch halb alemannisch und die Bevölkerung vorwiegend katholisch ist. Dort feiert die Fasnet alljährlich fröhliche Urständ. Die bekannteste schwäbische ist die von Rottweil, der Reichsstadt am oberen Neckar.

Vom »schmotzigen« Donnerstag bis zum Aschermittwoch läßt sich mit den Rottweilern nichts Ernsthaftes mehr anfangen, da ist die ganze Stadt narret.

Am Fasnachtsmontag, morgens schon um acht, kommt der »Narrensprung« vom Schwarzen Tor herab, d. h. der Umzug durch die Stadt beginnt. Es ist tatsächlich mehr ein Springen als ein Gehen. Voraus marschiert Musik, dann folgt ein berittener Herold, und dann kommen sie, die »Benne'rößle«, »Schantle«, »Gschellnarren«, »Fedre'hannes« und wie die Narro alle heißen. Unter Schreien und Rufen und dem Getöse der Gschellnarren jucken sie im Zweivierteltakt auf den Zehenspitzen durch die Straßen und werfen dem »Narrensamen«, den Kindern, Orangen, Brezeln usw. zu.

> Narro, Narro, siebe' Söh' (sprich Si'),
> siebe' Söh' sind Narro gsi!

rufen die Kinder.

Die Masken tragen keine Kostüme nach individuellem Geschmack oder persönlicher Laune, die »Narro« sind stehende Typen, bei denen jede Einzelheit: Ausdruck der Gesichtslarve, Farbe und Schnitt des »Kleidle«, die Attribute und so fort, seit Jahrhunderten festgelegt ist. Man kann einzelne Masken drei- bis vierhundert Jahre zurück nachweisen, wahrscheinlich sind sie aber noch älter.

Das »Benne'rößle«, eine Pferdemaske, wird an langen Leitseilen von zwei Treibern geführt, die ihren Stolz darein setzen, mit ihren Fuhrmannspeitschen so laut als möglich zu »knöllen«. Dabei macht das »Benne'rößle« die tollsten Kapriolen. Die Gschellnarren mit Fuchsschwänzen an der grinsenden Larve tragen weiße Zwilchanzüge, die mit menschlichen Figuren, mit Fratzen und Blumenranken über und über recht kunstvoll bemalt sind. Mit ihren oft bis zu 50 Glocken, die sie an Schellenriemen um den Leib tragen und die ein Gewicht von 30 bis 40 Pfund haben, vollführen sie einen wahrhaften »Heiden«-lärm. Das rhythmische Rasseln der Schellen bei ihren Sprüngen und ihr schrilles, halb wie Gelächter, halb wie Geheul klingendes Huhuhuhu! bringen einen geradezu dämonischen Eindruck hervor. Noch um einen Grad wilder sieht der »Fedre'hannes« aus. Er trägt Eberhauer am »Biß« und einen zwei Meter langen Stock mit einem Kalbs- oder Katzenwedel daran. Diese Stange fürchten besonders die Mädchen, denn der befiederte Narro läßt sie, wenn sie ihm in die Quere kommen, drauf »Stangen reiten«.

Das »Fransenkleidle« dagegen hält auf Würde und Vornehmheit. Sein mit Fransen besetzter offener Mantel, ein aufgespannter zierlicher Sonnenschirm, ein buntes seidenes Taschentuch am Hosenbund und der gefrorene mißmutige Ernst seiner Larve mit dem lächerlich kleinen Dreispitz verleihen ihm eine komische Grandezza. Er sieht aus wie ein verärgerter Ratsherr.

Alle tragen weiße Handschuhe, eine Schachtel mit Süßigkeiten unterm Arm, woraus sie »schnupfen« lassen, und das Narrenbuch. Das ist das Wichtigste. Alles, was im Lauf des letzten Jahres an Schwabenstreichen, an Dummheiten und komischem Mißgeschick im Städtle passiert ist, steht darin verzeichnet, zum Teil sogar gereimt und bebildert. Auf der Straße und in den Wirtschaften sagen sie daraus auf. Die Narrenfreiheit anerkennt nicht Geschlecht noch Stand, und es zeigt sich bei diesem »Aufsagen«, daß der Volkswitz ein gutes Gedächtnis und die Rottweiler viel Humor haben. Ich weiß freilich auch von solchen, die über die Fasnet verreisen, wenn sie Grund dazu haben. Aber im allgemeinen tun das nur die ganz Humorlosen. Die echten Rottweiler lachen, wenn's sein muß, auch auf eigene Kosten.

Der Reiz des »Aufsagens« ist um so größer, als man nicht errät, wer hinter der Maske steckt, ob ein Handwerker oder Zahnarzt oder Gymnasialprofessor oder Arbeiter. Die Maske spricht »hintersche«, d. h. mit verstellter und erhöhter Stimme, und die geschnitzte Holzlarve erschwert das Erkennen durch ihre eigenartige Akustik. Der ewige Refrain bei dem Rätselraten der Zuhörer bleibt das höhnische, fast schauerlich klingende Huhuhu des Narro.

*

Von manchen Festen ließe sich noch erzählen, von kirchlichen und solchen, die mit der bäuerlichen Arbeit zusammenhängen, wie die »Sichelhenke«, die nach dem Einfahren des letzten Garbenwagens gefeiert wird, mit Würsten und Braten und schmalzgebackenen Küchle', mit Most, Bier und Wein und Tanz. Auch von örtlichen Festtagen, vom Cannstatter Volksfest im September, das im Jahr 1935 zum hundertsten Male gefeiert wurde, vom sommerlichen Hahnentanz im Schwarzwaldbad Teinach, vom Ulmer Schwörmontag im August, vom oberschwäbischen Funkensonntag zu Beginn der Fastenzeit, von allerlei Pfingstritten und Maifesten und von den Schäferläufen in Urach und Markgröningen.

Nicht vergessen darf ich die allgemein gefeierte »Kirbe« am dritten Sonntag im Oktober.

Wenn d Kirbe ist, wenn d Kirbe ist,
noh lupft dr Schwôb de' Huat! (August Lämmle)

Und nicht bloß den, er »lupft« auch sonst, denn um diese Zeit gibt's schon »Neuen«, dazu »Kirbe-Beete«, das sind Äpfel-, Zwetschgen- und Zwiebelkuchen von Quadratmetermaßen. Und im »Adler« oder im »Löe'« oder im »Hirsch« kracht der Tanzboden und klirren die Scheiben von dem Stampfen der Tänzer und den Trillern der Klarinette.

Zur Kirbe kommen die Städter aufs Land, und man sagt, Kirbegäste seien besonders seßhafte Leute. Hans Reyhing erzählt: »Auch in einem ländlichen

Schulhaus waren Kirbegäste von großer Seßhaftigkeit. Da trat der Hausherr mit ihnen ans Fenster und sprach, auf die Straße hinausdeutend: ›Gucket no', dô ganget älle scho' hoim!‹ – Da antworteten die Gäste: ›Jô, ond was se au für graoße Päck mitschloifet . . .‹«

So schön und lustig es auf einer schwäbischen Kirbe zugeht, lieber Leser, und so sehr ich wünsche, du möchtest einmal eine mitmachen, dich schlankweg »auf die Kirbe laden« darf ich nicht. Denn du hast immerhin schon so viel Schwäbisch gelernt, daß du mir das übelnehmen könntest.

Du mußt also schon von selbst kommen.

18. Geschichten aus der Spinnstube

Spinnstuben gibt es heutzutage nicht mehr. Das Maschinenzeitalter hat das gemütlich schnurrende Spinnrädle in die Rumpelkammer gestellt. Früher, als man noch viel Hanf und Flachs im Ländle baute und ihn selber hechelte und spann, spielte die Kunkelstube, das »z Liacht« gehen an den langen Winterabenden eine große Rolle, besonders bei den jungen Leuten. Nicht immer scheint das Spinnen dabei die Hauptsache gewesen zu sein, wenn man den vielen Predigten und Verordnungen glauben darf, die »mit aller Schärfe« gegen das sündhafte Treiben in den »Gunkelhäusern« vom Leder ziehen. So gar ausschweifend kann es aber bei Hutzeln, Schnitz und Zwetschgen, bei Kirschwasser und »Gsälzbrot« nicht zugegangen sein. Natürlich bot die Kunkelstube den jungen Leuten willkommene Gelegenheit, Techtelmechtel und auch ernste Liebschaften anzuspinnen; im übrigen hechelte man die Abwesenden durch, trieb Possen, sang die alten schönen Lieder, zweistimmig, daß es eine Art hatte, und machte dazwischen hinein ein Tänzle, etwa nach der Weise:

s ist noh net lang, daß gregnet hôt,
dia Bäumle' tröpflet noh,
i han emôl e' Schätzle ghett,
i wött, i hätt es noh.

*

Drei Woche' vor Ostre'
dô gôht dr Schnee weg,
dô heiret mei' Schätzle,
nô han i en Dreck.

*

Mei' Schatz ist e' Schreiner,
e' Schreiner muaß sei',
er macht mr e' Wiagle
ond e' Kendle drei' nei'.

*

Gelt, du Schwarzaugete,
gelt, für die tauget e,
gelt, für di wär i recht –
wenn i di möcht!

Vor allem aber erzählte man sich gruselige Geschichten, daß es den jungen Mädchen eiskalt über den Buckel lief und sie nachher nicht mehr allein durch die Nacht heimgehen wollten, was man versteht. Und diese Gänsehaut erregenden Geschichten haben Spinnstuben und alles obrigkeitliche Wettern überdauert. An ihnen haben Generationen das Gruseln gelernt, und sie sind heute noch so wahr wie immer. Sie handeln von Geistern und Hexen, vom Muotesheer und vom Grünen Jäger, von Erdmännlein und vergrabenen Schätzen, zu denen man nur gelangen kann, wenn man gar keine Angst hat, weshalb sie bis heute noch ungehoben im Boden liegen; von armen Seelen, die im Grab keine Ruhe finden, weil sie zu Lebzeiten ein Verbrechen begangen haben und nun nächtlicherweile umgehen müssen. Da galoppieren Schimmelreiter durch die Luft und tragen ihren Kopf unterm Arm wie weiland der heilige Dionysius, da rascheln im Ufergras der Bäche kronentragende Schlangen und wissen um die seltsamsten Geheimnisse, da streichen schwarze Pudel mit feuersprühenden Augen um Kirchhöfe und altes Gemäuer und stinken so entsetzlich nach Schwefel, daß man's am hellichten Morgen noch riecht, da hüpfen blaue Flämmlein hin und her und locken die Leute in einen Sumpf.

Nicht alle Schwaben sind so aufs Robuste und Handfeste aus wie jener Bauernbursch, dem seine Kameraden das Gruseln beibringen wollten. In der Geisterstunde stieg nämlich einer in ein Leintuch gehüllt zu ihm in die Kammer und stellte sich an sein Bettende. Der Bursche blinzelte die Erscheinung furchtlos an und fragte schläfrig: »Mensch oder Geist?« Da erwiderte das Gespenst mit hohler Stimme: »Ich bin ein Geist«, worauf der junge Mann sich auf die andere Seite drehte mit den Worten: »E' Mensch wär mr liaber.«

Überall auf den Dörfern trifft man alte Leute, die mit eigenen Augen Geister und Hexen gesehen haben und steif und fest daran glauben. Wenn man sie erzählen hört, wird es einem ganz anders, und man kommt ohne Herzklopfen nicht mehr an einem nächtlichen Friedhof vorbei. Was für fade und nebulose Gesellen sind doch die neumodischen, im okkultistischen Laboratorium gezogenen Geister gegenüber den handfesten, richtig umgehenden guten alten!

Im allgemeinen zeigen die schwäbischen Geister und Hexen eine gutmütige Natur. Die Erdmännlein zum Beispiel helfen den Menschen nach Kräften bei der Arbeit. In meiner Heimat schaffte der Pompele mit den Knechten im Stall. Auf einmal blieb er verschwunden. Nach sieben Jahren kam er plötzlich wieder. Man fragte ihn, wo er so lange gewesen sei; da sagte er: »I bi' mit em Bonapatle im Kriag gsei'.«

Ähnlich benimmt sich der Klopferle in Großsachsenheim. Er macht sich dort im Schloß durch Klopfen bemerkbar. Eine besondere Freude macht es ihm, Gegenstände im Haus zu verrücken. Sind zum Beispiel die Kirbekuchen schön aufgeschichtet, so wirft er sie durcheinander, stehen Gläser und Tassen mitten auf dem Tisch, so stellt er sie an den äußersten Rand, daß man meint, sie fallen hinunter. Oft bindet er des Nachts das Vieh im Stall um und stellt es an falsche Plätze. Bisweilen sieht man ihn auch unter den Menschen, besonders an hohen Festen. Dann setzt er sich oft zu ihnen und tut niemand etwas zuleid. Nur wenn ihm jemand einen Auftrag geben will und etwa sagt: »Klopferle, hol mir Wasser, oder tu dies und das!«, so wird er bös und schlägt den, der ihm befehlen will. Spricht man aber ganz unbestimmt, zum Beispiel: Jetzt sollte man auch Kartoffeln schälen oder Holz holen oder dies und das tun, so verrichtet es der Klopferle auf der Stelle.

Ein gemütlicher Umgang mit Geistern, wie man feststellen darf, sie helfen uns und wir, wenn wir es machen können, ihnen. Vor nicht allzu langer Zeit gingen einmal ein paar Bauern von Bühl durch den

Wald nach Dußlingen. Während sie miteinander sprachen, hörten sie in der Nähe etwas wimmern, achteten aber nicht weiter darauf. Bald danach nieste es neben ihnen im Wald. Da riefen sie: »Helf dir Gott!« und gingen weiter. Kurz darauf nieste es wieder. Noch einmal riefen sie: »Helf dir Gott!« Als es aber zum drittenmal geschah, da wurden sie unwillig und sagten: »Ei, geh zum Teufel! Ich glaub, da will einer das Michele mit uns machen.« Alsbald stand ein kleines Männle vor ihnen, jammerte und sagte: »Ach, hättet ihr doch zum drittenmal ›Helf dir Gott!‹ gesagt, so wäre ich erlöst gewesen. Nun aber muß ich warten, bis eine Eichel von diesem Baum fällt und aus der Eichel ein neuer Baum wächst und aus der Eiche Bretter geschnitten werden und aus den Brettern eine Wiege gemacht wird. Und das erste Kind, das in dieser Wiege gewiegt wird, kann mich erst erlösen.« Damit verschwand das Männle wieder.

Weiß man von diesem Waldmännlein nicht, was es einst gebosget hat, daß es dafür umgehen muß, so weiß man es von dem Wendtalweible ganz genau. Es haust bei Heidenheim auf einem spitzigen Felsen und muß geisten, weil es zu Lebzeiten im Handel unrechtes Gewicht gebraucht hat. Nun jammert es um seine Erlösung und sagt dazu das Sprüchlein:

> Drei Vierling ist kei' Pfond,
> drei Schoppe' ist koi' Maoß:

o, hätt i doch des Deng et tao',
nôh müaßt i et em Wendtal gaoh'!

Auch die feurigen Feldrichter finden keine Ruhe, weil sie einst die Felder ungerecht vermessen haben. Man kann sie auf dem Sülcher Feld am Fuß der Wurmlinger Kapelle allnächtlich wandeln sehen. Sie tun einem aber nichts.

Das Muotesheer[1], auch das Wilde Gejäg genannt, kann man besonders in stürmischen Adventsnächten, wenn graue Wolken am Himmel jagen, noch überall in Schwaben hören – ansehen darf man es nicht. Dann biegen sich die Gipfel der höchsten Tannen, dann schlupft der Mond hinter eine Wolke, und mit wildem Getöse, mit Schellenklingeln, Geheul und Musik braust es durch die Luft. Oft fliegt ihm ein Warner voraus in Gestalt eines Raben, der krächzt: »Aus em Weag oder wurst vertappt!« Dann muß man sich schnell auf das Gesicht legen, die Hände in Kreuzform darüber, und ohne zu blinzeln es über sich hinwegfahren lassen. In Tieringen auf der Alb stach einmal einen Mann der Fürwitz. Alljährlich fuhr nämlich das Muotesheer durch sein Haus, und er mußte, sobald er es kommen hörte, Fenster und Türen aufsperren. Nun dachte er einmal, ich will doch aufbleiben und sehen, wie es dabei zugeht. Er blieb deshalb in der Stube sitzen, als

[1] Wuotansheer.

es wieder durchfuhr. Da hörte er eine Stimme sagen: »Streich deam dô d Spältle' zua!« Und alsbald war es ihm, als ob ihm jemand mit dem Finger über die Augen führe. Von Stund an war er blind. Und kein Mittel auf der Welt wollte helfen, ihm das Augenlicht wieder zu verschaffen. Da riet ihm jemand, wenn's Muotesheer wieder durchfahre, sich wieder an den gleichen Platz zu setzen. Das tat er, und als das Heer im nächsten Jahr wieder durchzog, da hörte er wieder eine Stimme, die sprach: »Streich deam dô au d Spältle' wieder uf!« Und von dem Augenblick an war er wieder sehend.

Alle diese Geistergeschichten und noch viele andere hat Rudolf Kapff in seinen »Schwäbischen Sagen« gesammelt (Jena 1926). Und sie müssen wahr sein, schon weil sie gedruckt sind. Wer sie aber dennoch nicht glaubt, der stelle sich in der Geisterstunde an einen Kreuzweg oder gehe mit mir einmal um Mitternacht auf den »Ringelwasen«, eine Schafweide bei meiner Vaterstadt. Vielleicht sieht er dort, was ich einmal gesehen habe:

Schlag zwölfe gôht dr Leabtag laos
mit Trommle' ond Trompete',
dô steiget aus em Bode' raus
dreihondert taote Schwede'.
Ond jeder hôt, daß Gott erbarm,
de' oagne' Taote'kopf em Arm.

Se klappret mit de Beiner
ond kheiet oin mit Steiner.
Dr Hauptma' hôt en schwarze' Gaul,
deam schleecht es Fuier aus em Maul . . .
Ond en dr Luft dob pfeifts,
ond ontrem Bode' schleifts!
So töbt dort donne' Nacht für Nacht
e' goasterhafte Schwedeschlacht.
E' ganze Stond lang gôhts so zua,
ond nôh ist wieder Ruah . . .

Oh, es gibt noch manches, woran übergescheite Leute nicht glauben wollen. Für den aber, der den Sinn dafür hat, tut sich die andere Welt hinter der sichtbaren auf Schritt und Tritt auf. Und es gibt bei uns gerade genug Leute, die sich darin besser auskennen als in der greifbaren. Ja, sie verstehen sogar, sich deren geheime Mächte nutzbar zu machen, Unheil abzuwenden oder einen Blick in die Zukunft zu tun. Die Hausmittelchen, die man braucht, sind uralt und probat. Hier ein paar der wirksamsten:

Wenn ein Mädchen wissen will, wie ihr Zukünftiger aussieht, dann muß sie in der Silvesternacht Blei in kaltes Wasser gießen; die entstehenden Figuren zeigen ihr ihn ganz deutlich. Oder sie muß in der Andreasnacht vor ihrem Bett drei Knickse machen, den Bettzipfel schütteln und dazu sprechen:

Heiliger Andreas, i bittle de,
Bettzipfel, i schüttle de,
laß mir doch erscheinen
den Herzallerliebsten meinen,
wie er geht und wie er steht,
und wie er einst mit mir in die Kirche geht!

Dann erscheint er ihr im Traum. Hat sie einen Kropf, so muß sie den Mond anschauen und sagen:

Was i seh, nehm zu,
was i streich, nehm ab!

So machen es wenigstens die Tübinger Mädle'. Aber sie hüten sich, des Nachts mit losgebundenen Zöpfen aus dem Haus zu gehen, sonst haben die Hexen über sie Gewalt. Noch eins: zum Heiraten ist der Dienstag besonders gut, und wer am Hochzeitsabend zuerst ins Bett hineinkommt, kriegt die Herrschaft im Haus – merks dir, schöne Leserin!

Wer am Karfreitag Linsen ißt, dem geht das ganze Jahr über das Geld nicht aus. Nie darf man mit dem linken Fuß zuerst aufstehen, sonst hat man einen schlechten Tag. Und wenn man den »Gluzger« (Schlucken) hat, soll man an drei verlogene Pfarrhaushälterinnen denken; in einfacheren Fällen tun's auch drei alte Weiber. Im Schwarzwald sagt man: Wenn ein junges Bäumchen zum erstenmal trägt, so soll es ein Mädchen, das in der Hoffnung ist, schütteln, dann trägt es alle Jahre (das Bäumchen, wie wir hoffen wollen!). Auch auf das Ohrenklingeln ist zu achten: ist es im linken Ohr, so spricht jemand Schlechtes über dich, ist es im rechten, so wirst du gelobt.

Und wenn jemand bei einer Erzählung niest, dann ist sie wahr.

Hatschi!

19. Von Gôgen und Stiftlern

Zwei Eigentümlichkeiten heben die schwäbische Universitätsstadt aus allen andern heraus. Mit glänzenden Wissenschaftlern und Schönheiten der Umgebung trumpfen auch andere Hochschulen auf, und das reizvolle Neben- und Ineinander von Kleinstadt und Universität ist ebensowenig eine Tübinger Besonderheit. Aber Gôgen und Stiftler – das gibt's nur einmal!

Die Stiftler hausen am Neckar in einem alten Klosterbau, die Gôgen sitzen näher der Ammer zu in einem eigenen Viertel. Dazwischen liegt ein nicht gerade unbezwinglicher Buckel und – der Bücherberg der Bildung. Damit will ich kein Werturteil aussprechen, ich meine lediglich, daß die Stiftler Bürger der Universität, die Gôgen hingegen einfache Stadtbürger seien, Kleinbauern, Taglöhner und, was früher alle gewesen sind: Weingärtner, »Wengerter«. Heute hat's mit dem Tübinger Weinbau nicht mehr den rechten Schlag; daran sind nicht die Gôgen schuld, sondern der Wein. Wer davon trinke, heißt es, der müsse sich nachts alle halbe Stunde auf die andere Seite drehen, sonst fresse er ihm ein Loch in den Magen. Es muß am Boden liegen, denn in den Gôgen steckt die gleiche »Räße«.

Tübingen ist ein buckliges Pflaster; auf dem höchsten Punkt liegt das Schloß, dann kommt die obere Stadt mit den Professoren, Studenten und Geschäftsleuten und schließlich die untere Stadt, die Gôgerei. Die hat schon mehr einen ländlichen Anstrich. Da gibt es enge und verwinkelte Gassen, die Namen tragen wie »Am kleinen Ämmerle«, »Froschgasse«, »Karrengäßle«, »Madergäßle« und »Mordiogäßle«; da drücken sich windschiefe, geweißnete Bauernhäuser aneinander, deren Giebel streitsüchtig gegeneinander vorspringen, da stehen Blumenstöcke auf den Fensterbrettern und hängen Girlanden von gelben Welschkornkolben unter dem »Bühnelädle«, und vor den Stalltüren und Scheuern sonnen sich Schubkarren und Güllenfässer und Holzbeigen und Mistwägen. Viel anders sieht es in einem größeren Albdorf auch nicht aus. Und mit den Bewohnern verhält es sich, was das Äußere betrifft, gerade so. Innerlich freilich sind die Gôgen oder Raupen, wie man sie auch heißt, ein Schlag für sich, urwüchsig, rauh und mindestens so exklusiv wie die Professoren der oberen Stadt.

Ein norddeutscher Student, frisch angekommen, spazierte stöckchenschwingend durch die Gôgerei und wollte »mal so einen Gogen« sehen. Unvorsichtigerweise äußerte er seinen Wunsch so laut, daß ein alter Wengerter, der pfeifenrauchend im Fenster lag, ihn hörte. »Reinhold!« rief er seinem Buben zu, der vor dem Haus Holz spaltete, »Reinhold, bach ehm derweil ois, i komm grad na!« – Was »bachen« ist? Ein treffendes Wort für eine treffende Handbewegung. So also darf man es nicht anfangen, wenn man die Gôgen kennenlernen will – oder vielleicht gerade so!

Die Etymologie des Namens »Gôg« macht den Witz der ganzen Universität zuschanden. Die Schriftgelehrten kommen mit der Bibel, darin es heißt: »Und wenn die tausend Jahr vollendet sind, wird der Satan ausgehen, die Nationen zu verführen, die an den vier Ecken der Erde sind, den Gog und den Magog, sie zum Streite zu versammeln.« Diese händelsüchtige Hypothese machte sich offenbar auch jener Tübinger Arzt zu eigen, der nachweisen wollte, daß die Gôgen eigentlich und genau besehen gar keine Schwaben seien, sondern Überbleibsel aus der Zeit der Hunneneinfälle in Deutschland. Mag sein, daß ihn dazu die ganz eigenartige Artikulation der Gôgen verführte, die man sonst nirgends im Schwäbischen antrifft. Sie sprechen sonderbar gedehnt und mit einer Art Falsett, bei dem Nase und Kehle gleichermaßen beteiligt zu sein scheinen.

Andere meinen: »Gôg«, das sei das gutschwäbische »Kog«, was im ursprünglichen Sinn »Aas«, im landläufigen Sprachgebrauch aber einen abgeschlagenen Kerl bedeutet. Sei dem wie ihm wolle, eine Dissertation hätte das Thema längst verdient.

Die Gôgen sind Protestanten. Das gilt weit über das Konfessionelle hinaus. »Kann ich von Ihnen Feuer haben, ja?« sprach ein noch nicht ganz ortskundiger Student einen rauchenden Gôgen an. Der protestierte: »Aerst wenn i jô sag!« – Ihre Art lehnt sich mit Worten und Werken gegen alles Vornehme, Noble, Geschliffene und Würdevolle auf. Wo sie so etwas wittern, hängen sie sogleich den Rauhbauz heraus und befleißigen sich einer »saumäßigen« Ausdrucksweise. Mißtrauen gegenüber dem Formgewandten? Freude an der Grobheit an sich? Bestätigung ihres Selbstgefühls auf einem Gebiet, wo sie nicht leicht einen Meister finden? Oder Großhanserei? Wahrscheinlich liegt ihrer Rauheit von allem ein bißchen zugrund. Ihre unverblümelte Offenheit geht bis zum Zynismus, macht auch vor den heimlichsten Dingen nicht halt und scheint keinerlei Ehrfurcht zu kennen. Nicht einmal vor dem Tod. »Herr Doktor«, fragt die Frau eines kranken Gôgen, »geits uf de' Sonntig e' Leich?« – Der Mann einer andern kam bei einem Unglücksfall ums Leben. Man muß die Frau davon in Kenntnis setzen, möglichst schonend, versteht sich. Also schicken die Arbeitskameraden einen aus ihrer Mitte hin. »Sia send doch d Witwe K.?« fragt er am Haus hinauf. »Ja d Frau K. ben i«, ruft die Frau herunter, »aber Witwe ben i et.« Darauf der Gôg: »Wa gilt's?«

Solche seelische Robustheit ist vielfach nur zur Schau getragen. Es gilt da ein für allemal die Entschuldigung jenes Gôgenweibes, dem der Mann im Streit die Petroleumlampe an den Kopf geworfen hatte, so daß man die Verletzte in die Klinik bringen mußte. Der Arzt, ob solcher Roheit entsetzt, schüttelt den Kopf: »Das sieht ja beinahe aus, als habe er Sie umbringen wollen?« – »Ha, des et grad«, sagt sie, »descht et baös gmoint gwea'. Se wisset jô, Herr Professor, wia dia Sauraupe' send!«

Und dann versöhnt der schlagfertige Mutterwitz mit vielem. Vor »Ausdrücken« darf freilich nicht zurückscheuen, wer ihn genießen will, denn die Sphäre, in der er sich mit Vorliebe tummelt, gehört nicht zu den reinlichsten. Wo er direkt wirkt, tut er es durch die Gewalt seiner vollsaftigen, polternden Derbheit oder durch übertriebene Anschaulichkeit. Einem ankündigen, man werde ihm »d Läuf aschlage', daß r uf de Stompe' hoimkrattle' müaß« (die Beine abschlagen, daß er auf den Stümpfen heimstolpern müsse), oder ihn »ao'gspitzt in Bode' nei' schlage', daß ehn dr Herrgott mit dr Beißzang wieder rausziage' müaß« – das sind so die ortsüblichen Drohungen. Ein Raupenvater bewies schon einen recht hohen Grad von Zartgefühl, als er seinen ungezogenen Buben anfuhr: »Guck, Kerle, wenn i mi et scheniere' tät vor de Leut, nôh tät i dir grad de Kopf rareiße'!«

Sie können auch gutmütiger sein. Einem Studenten, der nächtlicherweile über das Geländer der Neckarbrücke hing und dem Ulrich rief, klopfte einer wohlwollend auf die Schulter: »So, Herr, no' s Arschloch gschont!«

Köstlicher noch wirkt der Gôgenwitz, wenn er Umwege macht, wenn er verschmitzt und verschlagen kommt. Einmal stand einer vor Gericht wegen schwerer Körperverletzung. »Nun erzählen Sie uns, wie das passiert ist«, sagt der Richter. Und der Angeklagte erzählt: »Ha, mir sitzet dô em Löe' ganz gmüatlich om de' Tisch rom – uf oimôl hangt em Wilhelm s link Aug raus . . .«

Ein andres Mal gab's auf dem Heimweg von einer Wirtschaft Händel. Wie unter Raupen üblich, wehrten sie sich kräftig mit dem Maul, einer aber auf eine bisher unerhörte Weise: er biß nämlich seinem Kameraden einen Finger ab. Auf die Vorhaltungen in der »Prozeßklinik« (Landgericht) entschuldigte er sich: »Ha jetz, Herr Richter, was hôt denn der mit sei'm Fenger in mei're Gosch verlaore' morgnets um halber drui?« Ich kann hier unmöglich alle »G.-W.« erzählen. Jene, bei denen ich mich nicht genieren müßte, haben solche Bärte, und die andern sind wahrscheinlich auch bekannt. Nur noch einen ganz knappen, der die Wortkargheit und die Menschenkenntnis dieses Schlags verdeutlichen soll: Ein paar Raupen streiten in einer Mostwirtschaft mit lauten und harten Worten widereinander. Als plötzlich einer mit betonter Umständlichkeit aufsteht und, ohne ein Wort zu verlieren, gehen will, schreit ihm sein Widersacher in höchster Wut nach: »Du mi au!« Von der Tür her aber kommt das Echo: »Verrôte'!«

So sind die Tübinger Gôgen, die Raupen, die »Balla«!

*

Und nun übersteigen wir den besagten Bücherberg. Wenn die Gôgen aus dem Bilde Tübingens nicht wegzudenken sind, so noch weniger die Stiftler aus dem schwäbischen Geistesleben. Das »Stift«, als »ein rechtes Seminarium und junger Bomsatz für die Kirchen Gottes« im 16. Jahrhundert gegründet, hat diese seine Bestimmung nicht nur erfüllt, sondern jahrhundertelang in nie abgerissener Kette dem Ländle die besten Köpfe und der Welt manchen großen Geist geschenkt. Etwas Urschwäbisches haftet dem Stift von vornherein an: es sollte begabten, aber unbemittelten Landeskindern das Studium ermöglichen, das theologische in erster Linie, doch ließ man von Anfang an Ausnahmen bei der Fakultätswahl zu. Die Auslese geschah im »Landexamen«. Alljährlich im Sommer kamen die besten Schüler – beider Konfessionen – vom ganzen Land zu diesem Examen nach Stuttgart. Die Anforderungen waren beträchtlich, schon deshalb, weil nur eine beschränkte Zahl in die niederen protestantischen und katholischen Seminare aufgenommen werden konnte. In diesen Seminaren, die vielfach in alten Klöstern untergebracht waren (Blaubeuren, Maulbronn usw.), wurden die Protestanten für das Stift, die Katholiken für das Konvikt vorbereitet.

Man kann hier wirklich von einer Auslese der Begabten sprechen, die lange Liste bedeutender Stiftler beweist es. Nur ein paar Namen: Johannes Kepler, der Astronom; Nikodemus Frischlin, der Humanist und Dichter; Joh. Albrecht Bengel, der Vater des schwäbischen Pietismus; Fr. Christoph Oetinger, Theosoph und Philosoph; Philipp Matthäus Hahn, Astronom und genialer Mechaniker; Carl Friedrich Reinhard, Graf von Napoleons Gnaden und Pair von Frankreich; Hegel, Schelling, Hölderlin, D. Fr. Strauß, Fr. Th. Vischer, Gustav Schwab, Wilhelm Hauff, Wilhelm Waiblinger, Eduard Mörike, Hermann Kurz, Georg Herwegh; der Nationalökonom, österreichische Handelsminister und spätere Berater Bismarcks Albert Schäffle; der große Vermittler chinesischer Kultur Richard Wilhelm; der Philosoph

Christoph Schrempf ... ich könnte die Liste beliebig verlängern.

Und was ist aus Stiftlern nicht alles geworden! Vom Landpfarrer bis zum Diplomaten einfach alles. Man findet Stiftler in allen Weltteilen, in allen Stellungen. Einer war Berater am Hof des Kaisers Don Pedro von Brasilien, ein anderer indischer Universitätsprofessor, ein dritter Direktor am Britischen Museum in London. In den griechischen Freiheitskämpfen am Anfang des vergangenen Jahrhunderts brachte es ein Stiftler sogar zum – Scharfrichter von Nauplia! Und ist es nicht grotesk, sich vorzustellen, wie der Stiftler Reinhard und der Karlsschüler Georg Kerner, der Bruder von Justinus, im Namen des französischen Volkes miteinander das Großherzogtum Toskana regieren und miteinander davongejagt werden? Zu allen Zeiten gab es unter den Stiftlern unruhige Köpfe genug, und für die Ideale der Menschheit zu glühen – und oft nicht nur zu glühen, sondern auch zu kämpfen – ist beste Stiftlertradition. Wo immer auf der Welt dafür gefochten wurde, finden wir Stiftler. Im Frankfurter Parlament 1848 saßen allein zehn frühere Bewohner des alten Augustinerklosters. Der Freiheitsdrang, der Wille zur Unabhängigkeit auch im Denken, ein tief im schwäbischen Wesen wurzelnder Zug, fand seine höchste geistige Ausprägung in Stiftlern, in den großen Ideen eines Kepler und Hegel, in der schöpferischen Kritik eines David Friedrich Strauß, in den Hymnen eines Hölderlin.

Dabei verlief das Leben in dem altehrwürdigen Stiftsbau bis zum Krieg nach nichts weniger als freiheitlichen Haus- und Studienordnungen. Nachhaltiger freilich als Zwang und pedantische Dressur, als Strenge und halbklösterliche Klausur wirkten auf seine Insassen die hergebrachten, oft noch ganz mittelalterlichen Bräuche, die geistige Tradition der »Stuben«, die sich bis auf Sprechweise und äußeres Gehaben erstreckte, kurz die Atmosphäre des Hauses, die sich seinen Bewohnern so eintränkte, daß man einen »Stiftler« aus allen anderen herausroch.

Ein alter Stiftler hat mir erzählt, wie es zu seiner Zeit im Stift zuging; er gehört der Generation an, die vor vier Jahrzehnten studiert hat und jetzt in den besten Mannesjahren steht. Man darf sich aber keine falsche Meinung machen etwa in der Richtung: weil es sich bei den Stiftlern in erster Linie um theologischen Nachwuchs handle, sei es dort etwa unstudentisch zivil oder gar frömmlerisch hergegangen. So ist das Ding nicht. Einmal sind lange nicht alle Stiftler aus Neigung Theologen, und viele sind es deshalb auch nicht geblieben; außerdem gab es immer schon solche, die als besondere Vergünstigung eine andere Fakultät wählen durften. (Allerdings weiß ich auch von einem umgekehrten Fall, wo einem diese Vergünstigung wieder entzogen wurde, er also – überspitzt ausgedrückt – strafweise Pfarrer werden mußte.) Und dann ist nicht zu vergessen: es handelt sich um Jugend, um Studenten! Mein Freund Erich Schairer erzählt:

»Es sind vier Jahrzehnte her, daß ich im Stift war. Ich war ›Quadrätler‹. Quadrat war eine der drei oder vier Roigelstuben. Es galt als die ›feinste‹. Mulattia mit seinem Wahrzeichen, dem ›Mulattenmensch‹ (einem Öldruck wer weiß welcher Herkunft, darstellend eine bräunliche Schönheit, Zigeunerin oder so was), war die älteste und bodenständigste, mit dem traditionell rauhesten Ton; der sogenannte Schwäbische Gruß hieß im Stift auch der Mulattengruß. ... Komfortabel und hygienisch war's nicht gerade im damaligen Stift, heute soll es ganz anders sein. Die Schlafsäle waren grünlich gegipste, vollkommen kahle Räume mit alten Eisenbettstellen. Auf den Stuben waren große eiserne Kanonenöfen, die mit Holz geheizt wurden. Der Aufwärter (Kneo genannt, Mehrzahl Kneonten) legte zum Anzünden einen ›Stiftshahn‹ zurecht, ein nach Art eines Hahnenschwanzes geschickt aufgespaltenes Stück trokkenen Fichtenholzes. Das Feuermachen und Kaffeemachen war Sache des Jüngsten, des Stubenfuxes. Wasser holte man in einer hohen Blechkanne, der ›Bitsche‹, die auch hie und da mit Bier gefüllt wurde. Abwasser und Abfälle kamen in einen Eimer, die ›Saubitsche‹. In der Stube hatte jeder sein ›Kav‹, seinen mit Hilfe der Pulte und einiger spanischer Wände abgeteilten Bezirk, den er nach seinem Geschmack mit Bildern aus Zeitschriften (meist ›Simpl‹ und ›Jugend‹), mit Pfeifen, Mützen, Bändern usw. ausstaffierte. Das hieß man das ›System‹. Man sagte also etwa: Das oder jenes hänge ich in mein ›System‹.

Bei den Hausbediensteten gab es zwischen dem Hausmeister, der beim Mittagessen am Weintisch stand und an solche, die es wünschten, um 17 Pfennig ein Viertele ›Stiftswein‹ verkaufte, und den Knechten, die das Essen auf- und den Wein herumtrugen, noch eine Mittelstufe: das waren die ›Scheißhäusler‹, die beiden Beamten, die abwechselnd hinter dem Fensterle am Tor saßen und notierten, wer ausging und wer heimkam. Abends mußte man ja um 10 Uhr c. t. zu Hause sein; wenn man länger fortblieb, mußte man eine ›Schede‹, eine Eingabe an das Ephorat machen. Womöglich vorher eine Vorschede, andernfalls eine ›Nachschede‹. Wenn sie witzig war, freute sich ›Buddha‹ (Übername eines Ephorus) und drückte ein Auge zu. Buddha selber soll in jüngeren Jahren aso einem guten Tropfen aso nicht abhold gewesen sein (›aso‹ war die Partikel, die er hie und da in seine Sätze flocht und die man dann, etwa ums Fünffache vermehrt, weiterverbreitete). Er hatte einmal die Repetenten sämtlich zu seinem Geburtstag in die ›Seif‹ geladen. Man war sehr vergnügt geworden, am Schluß gab es allgemeines Schmollis, und die Gesellschaft verließ das Wirtshaus nicht durch die Haustüre, sondern über ein gerade außen zum Zweck der Vergipsung angebrachtes Gerüst, Buddha als Rädelsführer voran. Doch passierte kein Unglück, und am andern Morgen fand jeder Repetent am Frühstückstisch neben seiner Tasse ein Visitenkärtchen B's in weißem Umschlag, auf dem nur drei Worte standen, nämlich: ›Sie wissen schon.‹ –

Der ›Stiftswein‹ war ein ziemlich übles, billiges, gezuckertes und trotzdem saures Gesöff, von dem man bei größeren Quanten stark benebelt wurde und Kopfweh bekam. Wenn ein Stiftler Geburtstag hatte oder sonst ein Grund vorlag, pflegten ihm seine Freunde bei Tisch durch den Kneo einen Wein zu spendieren, und die Sitte verlangte es, daß er dann Herrn Soundso ›au ein‹ bestellte. Oft standen dann sechs bis acht solche Gläser, es waren hohe Spitzgläser, um den Teller eines armen Teufels herum, der von allen wenigstens ein Drittel den Spendern zutrinken und sich den entsprechenden Betrag (für die Gegendedikationen) von seinem ›Weingeld‹ von monatlich acht Mark sechzig abziehen lassen mußte. Am ärgsten mit dem Stiftswein trieben es meistens die Einjährigen, die oben unter dem Dach in drei größeren Schlafsälen, dem Ochsenstall, dem Kuhstall und dem Saustall, schliefen. (Diese Buden verdienten ihre Namen, besonders nach gewissen festlichen Anlässen, im wörtlichen Sinn.)

Eine nette Erinnerung u. a. ist mir, wie ich in einem Sommer (1907) vom Schlafsaal aus das Kolleg des laut und akzentuiert vortragenden, damals neu aufgezogenen Professors Scheel mit anhören konnte. Einmal, nach einer solennen Sauferei, ließen wir uns morgens durch den Kneo aus dem ›Kaiser‹ Sekt, Zigarren und Kaviarbrötchen kommen, rückten die Betten zusammen und verbrachten den ganzen Tag saufend, fressend, kartenspielend und bewundernde Besucher, teils Stiftler, teils ›Stadtstudenten‹, empfangend, im Bett.

Die Flößer fuhren zu meiner Zeit schon nicht mehr auf dem Neckar, so daß man ihnen kein ›Jockele spe-a-err!‹ mehr zubrüllen konnte. Aber das habe ich noch gesehen, wie ein Student seine lange Pfeife zum zweiten Stock heraushängen ließ, damit sie der Fux vom ersten Stock aus anzünden sollte.

Im ersten Jahrzehnt dieses gesegneten 20. Jahrhunderts hatten die Stiftsstuben innerhalb der Verbindungen noch allherbstlich ihre ›Fuxenstöße‹; das waren ziemlich rohe und wüste, aber eben doch sinnige Zeremonien, bei denen der zu stoßende Fux seinen Lebenslauf in Versen vortragen mußte und dann durch das Spalier der haselstockbewaffneten Burschen Spießruten gejagt wurde. Die Sache geschah irgendwo im Freien, meist im Schwärzlocher

Wald, wohin der nötige Alkohol, Bier und Bowle, auf Wägelchen transportiert wurde.

Berühmt waren die ›Stiftskaffees‹, wo Damen manchmal zum erstenmal in ihrem schwäbischen Dasein richtigen Kaffee zu trinken bekamen.

Auch pflegten zu meiner Zeit noch die ›Pauper‹ in ihren Kapuzen unter ihrem ›Pauperpräses‹ zu singen, eine sehr stimmungsvolle Sache, wenigstens von außen her betrachtet. Sie sangen immer zwischen Stift und ›Hölle‹ und dann im Stiftshof. Der Eingang in die ›Hölle‹ war in der Neckarhalde, von wo aus auch der ›Repetentengang‹ ins Stift führte, den die Stiftler nur in den letzten zwei Semestern benützen durften ...«

So war es also vor 40 Jahren im Stift. Inzwischen hat sich vieles geändert. Es ist dort hygienischer, moderner, behaglicher geworden, heute hat jeder Stiftler sein eigenes Zimmer, auch die Studienordnung läßt dem einzelnen mehr persönliche Freiheit. Aber der Genius loci entläßt auch heute noch keinen aus den alten Mauern, ohne ihn gezeichnet zu haben. Wenn schon nicht mit dem Stempel des Genies, so doch mit dem, wie wir sagen, typischen »Stiftlers-Geschmäckle«. Wir möchten es nicht missen.

20. Schwäbisch als Weltsprache

»Fragt doch jener Würtenberger, so bald er in Asien nur auß dem Mörschiff stig: ›Ist nit eyn gut gesell von Beblingen hie?‹« So heißt es in Fischarts »Gargantua«. Nach neueren Forschungen hat sich die Geschichte bei der Entdeckung Amerikas zugetragen. Der Steuermann des Kolumbus nämlich, ein Böblinger, habe bei der Landung die herbeilaufenden Indianer gefragt: »Ist koiner vo' Böblenga' dô?« Und da sei aus ihrer Mitte die Antwort gekommen: »Noi', aber vo' Sendelfenge'!« – Dieses Sindelfingen liegt eine knappe Viertelstunde von Böblingen weg. Die Sache ist durchaus glaubhaft, sind doch nach dem Zeugnis des hochwürdigen Sebastian Sailer schon Adam und Eva Schwaben gewesen. Jedenfalls steht fest, daß der Kammerdiener George Washingtons ein Schwabe namens Jakob Baur gewesen ist. Und der gute alte Cooper erzählt eine rührende Geschichte von einem kleinen Kolonistenmädchen, das von Indianern geraubt und nach neun Jahren von der Mutter wiedergefunden wird. Es erkennt sie aber erst wieder, als sie ihm ein Wiegenlied vorsingt. Natürlich ein schwäbisches Wiegenlied, denn das Mädchen hieß Regina Hartmann und stammte aus Rottenburg am Neckar.

Der schwäbische Wandertrieb ist lange schon vor der Entdeckung Amerikas verbürgt. Soll ich den römischen Geographen Strabo bemühen, der schon unserer suevischen Vetternschaft eine auffällige Wanderlust nachsagt? Zugegeben, diese »Freundschaft« ist ein bißle weitläufig. Oder soll ich auf den Vorspruch in Scheffels »Juniperus« hinweisen? Nach jenen Versen in Mönchslatein aus dem 13. Jahrhundert wird es den Schwaben schon an der Wiege gesungen, daß sie sich im Leben viel fremden Wind um die Nase pfeifen lassen müssen. Auf gut Schwäbisch könnte man sie so übersetzen:

Wenns bei ons e' Büable geit,
wurd es in en Kratte' glait[1],
ond sei' Muater nemmt ehm s Händle,
ond sei' Vatter sait: Guck, Männdle,
so viel Länder als der Kratte'
Löcher hot – s ka' währle batte'[2] –,
so viel Länder muaßt durchreise',
bis de ka' dr Taod verlaöse'.

Übrigens hat man den Namen Schwaben von »schweben«, »schweifen« herleiten wollen. Kurz, unser Drang hinaus in die Welt fiel den andern von jeher auf; er ist die einzige Eigenschaft, die uns alle Zeitalter mit seltener Einhelligkeit zubilligen.

Tatsächlich verhält es sich damit so, wie der alte Birlinger sagt: »Schwaben teilt sich in zweierlei Volk:

[1] Korb gelegt. [2] es sind wahrlich genug.

in den einen gibt der Wandertrieb laut alter Zeit schon keine Rast und keine Ruhe, die andern verlassen unter Todesdrohung ihre Marken, soweit ihre Äcker gehen, nicht.«

Noch eine dritte Sorte gibt es: in denen rumort beides zugleich, daheim das Fernweh und in der Fremde das Heimweh. Der Fall ist nicht selten, daß Schwaben, die es in der Jugend nicht um alles zu Hause litt, nach einem erfolgreichen Leben draußen in der Welt auf ihre alten Tage ins Ländle zurückkehren.

Freilich, nicht der Wandertrieb allein tat den Schwaben das Tor in die Welt auf. Wenn er ihnen auch tief im Blut sitzt, die äußeren Verhältnisse ließen ihn doch erst recht zum Durchbruch kommen. Wirtschaftliche Not und Bodenmangel, die so weit getriebene Zerstückelung des bäuerlichen Grundbesitzes, daß die paar schmalen Äckerlein keine Familie mehr verhalten konnte; auf der andern Seite, vor allem in Oberschwaben, das Erbrecht, wonach der Hof ungeteilt dem ältesten oder dem jüngsten Sohn zufiel und den Brüdern keine Hoffnung auf eigenen Landbesitz blieb, diese Ursachen haben im 18. Jahrhundert Tausende und Tausende zur Auswanderung getrieben. Die lockenden Versprechungen ausländischer Werber reizten halbe Dörfer, Haus und Hof zu verlassen. Und wie selten entsprach die Wirklichkeit den Hoffnungen!

Andere gingen aus der Heimat aus religiösen Gründen, sie wollten draußen irgendwo das Tausendjährige Reich aufrichten, wollten nach ihrer Fasson und nicht nach der der herrschenden Landeskirche selig werden. Freie Geister ertrugen die Enge des Kleinstaates nicht. »Es wird mir alles zu eng hier – in unserem Pfaffen- und Schreiberland. Wie froh will ich sein, wenn ich einmal freiere Lüfte atme«, schrieb Schelling an Hegel. Dazu kommen die vielen, die im 19. Jahrhundert aus politischen Gründen die Heimat verließen. Annähernd eine halbe Million Menschen hat Württemberg im 19. Jahrhundert durch die Auswanderung verloren. Auf Wagen und zu Schiff zogen sie hinaus, die der Staat nicht halten konnte, in hoffnungsvoller, zukunfterfüllter Stimmung, wie sie aufklingt in dem alten Amerikafahrer-Lied, das ich in einem Dorf aufgezeichnet habe, wo es in meiner Jugend noch bei jedem Auswandererabschied gesungen wurde:

Nun ist die Zeit und Stunde da,
wir fahrens nach Amerika.
Der Wagen steht schon vor der Tür,
mit Weib und Kind marschieren wir.

Ihr Freunde all und Anverwandt',
reicht uns zum letztenmal die Hand.
Ihr Freunde, weinet nicht zu sehr,
wir sehn einander nimmer mehr.

Jetzt kommen wir nach Baltimor,
ein jeder streckt die Hand empor,
wir rufens laut: Viktoria,
nun sind wir in Amerika!

Nur zu bald, nur zu oft schlug die gute Stimmung in Heimweh, Enttäuschung und Verzweiflung um. Von den Werbern belogen, von den Agenten der Schiffahrtslinien betrogen, von den Regierungen ausgebeutet und als Kolonialdünger verbraucht, das war das Los von Tausenden. Und wie viele sind im großen Völkermeer untergegangen, als wären sie nie gewesen? – Es ist ein tränenreiches Kapitel der schwäbischen – und nicht nur der schwäbischen – Geschichte! Wo sie aber Boden fassen konnten, da setzten sie sich durch. Irgendwo im Urwald, in der Steppe bauten sie die Heimat auf, und was sie aus der alten mitgebracht hatten, ihr Volkstum, ihre Sprache, ihre Lieder und Bräuche, das hielten sie mit schwäbischer Dickköpfigkeit über ganze Geschlechterreihen weg fest, auch dann noch, wenn die Erinnerung an das alte Schwabenländle schon ganz verblaßt war. Die daheim so eigenbrötlerischen Schwaben bewiesen draußen ein starkes Zusammengehörigkeitsgefühl. Das bewahrte sie davor, den oft übermächtigen politischen und kulturellen Einflüssen der fremden Umgebung zu erliegen. Dieses zähe Behaupten der eigenen Art ist um so wunderbarer, als sie in ihrer Isolierung oft nicht einmal mehr wußten, daß es außer ihnen noch mehr Schwaben auf der Welt gab. Ein stolzes Zeugnis für das nicht umzubringende Stammesgefühl, für die Kraft unseres Volkstums!

Aber nun willst du wissen, lieber Leser, wo du Schwaben treffen kannst. Vor den einzelnen bist du überhaupt nirgends sicher. Begegnete doch einst dem Stuttgarter Geologen Rominger auf einer Forschungsreise am Michigansee eine wilde Indianerhorde, deren Häuptling – schwäbisch schwätzte! Es stellte sich heraus, daß die Wiege der weißen Rothaut auf dem Schwarzwald gestanden war. Manche wissen gar nicht mehr, daß sie Schwaben sind.

»... Herzog Karl Eugen verkaufte ein ganzes Regiment württembergischer Soldaten an die Holländer, und die Mynheerleute wollten mit diesem Regiment im Kapland eine ungute Geschichte einrenken. In diesem Kapregiment diente auch ein Unterländer. Er scheint sich unterwegs sehr schwäbisch aufgeführt zu haben, denn er sollte gehenkt werden. Er kam davon, und im Jahre 1828 kam der letzte Brief von ihm in sein Heimatdorf. Es gehe ihm gut. Er sei in Niederländisch-Indien. Dann hörte man nie wieder von ihm. – Nun fiel mir unlängst ein Geschäftsbrief in die Hände, der englisch geschrieben war und auch einen recht englischen Briefkopf hatte. Seltsam war nur, daß diese englische Kaffeehandelsfirma in der Nähe von Surabaja Bäuchle hieß. Ich mußte denen schreiben. Und nach ausgiebigem Hin- und Herschreiben war klar am Tag, daß der heutige Besitzer der Firma Bäuchle ein direkter Nachkomme jenes Kapsoldaten ist. Er schrieb mir: das freue ihn über alle Maßen, nun heraus zu haben, daß er deutscher Herkunft sei. Er habe doch immer in sich drin schon so was gemerkt. Er könne ja wohl nicht mehr Deutsch lernen. Aber sein Bub müsse am nächsten Tag anfangen. Nach Deutschland aber wolle auch er noch einmal.« (Sonderheft der Monatsschrift »Württemberg«: »Die Schwaben im Ausland«.)

Zufall, wird man sagen, so was könne einem schließlich auch mit einem Bayern oder Plattdeutschen passieren. Der Anspruch unseres Schwäbisch auf den Rang einer Weltsprache lasse sich damit schwerlich begründen. Schön. Wenn aber in allen fünf Erdteilen das Schwäbische ungefähr fünfhundert geschlossene und zum Teil recht ausgedehnte Heimstätten hat, wo es als Muttersprache gesprochen wird, so sieht das Ding doch anders aus. Hier die Länder, die rein schwäbische Dörfer und Städte hatten oder noch haben: Polen, Rumänien, Ungarn, Palästina, Kapland, Argentinien, Brasilien, Chile, Guatemala. In Rußland sitzen Schwaben in der Krim und Ukraine, am Don und an der Wolga, im Kaukasus und sogar in Turkestan. Und in den Vereinigten Staaten zerstreuen sich unsere Landsleute über den ganzen Kontinent. Die großen Schwabenkolonien in New York und Chikago feiern alljährlich ihr Cannstatter Volksfest – es soll sogar großartiger sein als am Neckar.

Der Bayer Ludwig Thoma hat einmal mit Erstaunen festgestellt: »Die Schwaben sind immer und auf irgendeine Weise zueinander verwandt.« Er hat recht. Und die schwäbische Vetterles- und Bäsleswirtschaft ist noch viel weitläufiger, als er meinte. Sie erstreckt sich über die ganze Welt.

Dorom Leut, zu guater Letzt,
Älles auf, was schwäbisch schwätzt
vo' dr Wolga bis noch Chile!
Staoßet a' ond lupfet s Glas:
s gilt dr schwäbische' Famile –
Prost, Herr Vetter! Prost, Frau Bas!

Weitere Werke von Sebastian Blau
in der Deutschen Verlags-Anstalt

Schwobespiagel
Altes und Neues

Die trauten Laute
Schwäbische Gedichte

Die Schwaben haben stets gern
über sich selbst gelacht.
Dazu haben sie hier reichlich Gelegenheit.

DVA

Von Josef Eberle
in der Deutschen Verlags-Anstalt

Aller Tage Morgen
Jugenderinnerungen

Caesars Glatze
und andere Berichte und Betrachtungen

Hier irrt Goethe von A–Z
Sprüche und Gegensprüche

Zeitgenosse Goethe
Sprüche und Widersprüche

Lateinische Nächte

Laudes, Carmina Latina

Mandarinentänze

Nie verstummendes Echo – Echo perennis
Elegien / Satiren / Lehrgedichte
Lateinisch und deutsch

DVA